DES HEILIGEN EPHRAEM DES SYRERS

HYMNEN AUF

ABRAHAM KIDUNAYA UND JULIANOS SABA

CORPUS
SCRIPTORUM CHRISTIANORUM ORIENTALIUM
EDITUM CONSILIO
UNIVERSITATIS CATHOLICAE AMERICAE
ET UNIVERSITATIS CATHOLICAE LOVANIENSIS

Vol. 323

SCRIPTORES SYRI
TOMUS 141

DES HEILIGEN EPHRAEM DES SYRERS

HYMNEN AUF ABRAHAM KIDUNAYA UND JULIANOS SABA

ÜBERSETZT
VON
EDMUND BECK

LOUVAIN
SECRÉTARIAT DU CORPUSSCO
WAVERSEBAAN, 49
1972

Imprimerie Orientaliste, s.p.r.l., Louvain (Belgique)

D/1972/0602/9

VORWORT

Zwischen Sermones III und IV werden hier zu den hymnischen Werken Ephräms die Hymnen auf Abraham Kidunaya und Julianos Saba nachgetragen, um durch ihre erneute Edierung und Interpretierung die Diskussion über die Probleme, die diese Hymnen nach wie vor stellen, zu fördern.

I. Die Hymnen auf Abraham Kidunaya; Inhalt und Echtheitsfrage

Zunächst muß hier kurz wiederholt werden, was im Vorwort zum Text ausgeführt wurde, daß nämlich die vollständig erhaltene Sammlung von fünfzehn Hymnen klar in zwei Teile zerfällt, in die erste Gruppe der Hy. I-V mit gleichem Metrum, auf die nach dem isoliert stehenden, allgemein gehaltenen Hy. VI die zweite Gruppe VII-XV folgt, die nicht nur metrisch sondern auch durch die alphabetische Ordnung aller Strophen eine streng geschlossene Einheit bildet.

1) Angaben über konkrete Lebensverhältnisse des Heiligen fehlen in der ersten Hymnengruppe. Ebenso fehlt eine klare Standesbezeichnung. Das Wort *abīlâ* erscheint erst in Hy. IX, 14. Nach Hy. I, 1 raubte der Tod des Heiligen « unserem Volk » einen Tugendspiegel. Damit ist das ganze (edessenische) Kirchenvolk gemeint. Denn erst in Hy. II, 5 spricht der Verfasser von den Brüdern, den Geliebten, den Söhnen und Schülern des Heiligen und zwar wie von Dritten, zu denen er selber nicht gehört. Auch in III, 16-18 ist nach einer Erwähnung der Vaterschaft des Heiligen (*abūtâk*; man kann das auch persönlich fassen, wie die Übersetzung es tut) mit dem Ausdruck « unsere Herde » nicht eine Eremitengemeinschaft gemeint. Denn die anschließende Strophe spricht klar von den Kirchen. Im übrigen hört man nur allgemein vom Wachen, Fasten, Beten, von Keuschheit und Armut des Heiligen, von seinem Beispiel, seiner Lehre, Zurechtweisung, Lob und Tadel. Sein Äußeres war nach Hy. I, 13 hager und schmutzig. Die Tränen seiner beiden Augen werden in IV, 1 als eine zweite Taufe hingestellt. Hy. IV, 19 gibt indirekt Auskunft über die lange Dauer seines Eremitenlebens, wenn es heißt : « Von der Jugend bis ins Greisenalter siegte dein Lauf. « Eine eigne Erwähnung verdient auch noch Hy. IV, 22

Hier wird zunächst vom Heiligen allein gesagt, daß er durch sein Wachen ein Seraph war : du heiligtest dich um « heilig » zu singen um Hausgenosse der Engel zu sein. Darauf heißt es in der folgenden Strophe: Die Mönchssiedlungen (*dayrâtâ*) in der Nacht und die Seraphim singen « heilig » auf Erden und in Himmel. Dabei muß hervorgehoben werden, daß in keiner Weise der Heilige als Gründer dieser Mönchssiedlungen erscheint. Von einer priesterlichen Tätigkeit des Heiligen spricht indirekt Hy. V, 13 : Abraham ahmte Simon (Petrus) nach; seine Liebe weidete die Schafe, seine Reinheit die Lämmer. Damit kann man wohl auch noch Hy. V, 22 verbinden, wo vom Besuch der Kranken und der Unterweisung der Gesunden die Rede ist.

Hier erhebt sich die Frage nach der in der Vita (Lamy IV, 13 ff.) breit geschilderten Missionstätigkeit des Priesters Abraham im heidnischen Dorf Kidun. Die zweite Hymnengruppe wird davon berichten. In der ersten fehlt sie. Und noch mehr : es ist hier ein auffälliger Widerspruch zur Vita festzustellen. Die Vita läßt (Lamy IV, 29, 1) den Heiligen, nachdem er zum zweitenmal von den Heiden halbtot aus dem Dorf geschleppt worden war, zum Herrn beten, er möge die heidnischen Bewohner von den Fesseln des Feindes lösen, « damit sie erkennen, daß du Gott bist und keiner außer dir ». Dieses Zitat steht nun auch in Hy. II, 11, aber nicht, wie Lamy anmerkt, in einer Verherrlichung der Bekehrung der Heiden von Kidun sondern ganz klar in einer ausgedehnten Polemik gegen den fremden Gott Markions! Und in diesem Zusammenhang verwendet auch Ephräm dreimal diese Stelle, wie in der Anmerkung zu II, 11 ausgeführt wird.

2) Nun zur Gruppe der Hymnen VII-XV. Hier tauchen alle Einzelheiten der wenigen konkreten Angaben auf, die die Vita anführt. So spricht Hy. X, 15-24 von der Vermählung des Heiligen und seiner Flucht am siebten Tag der Hochzeitsfeier ohne die Braut berührt zu haben. Den Sieg seiner Keuschheit bei dieser Gelegenheit hebt noch einmal Hy. XI, 20 hervor. Und Hy. X, 2-14 berichtet in Übereinstimmung mit der Vita von der Kirche, die er im heidnischen Dorf baute, von den Mühen seiner Bekehrungsarbeit, von der Überwindung des Hasses und der Gegnerschaft der Heiden durch seine Geduld und Liebe. Wenn es dabei in Str. 4 heißt, er habe Kinder von Götzenpriestern zu Priestern (des Herrn) gemacht, so ist das wohl nur eine rhetorisch zugespitzte Form für die sachliche Aussage der Vita, daß der Bischof nach dem Weggang des Heiligen in das bekehrte Dorf kam und «(einige) von ihnen zu Priestern machte ». Von dem Begräbnis des Heiligen berichtet Hy.

XV, 2 eine Einzelheit, die auch in der Vita erwähnt wird, wie in der Anmerkung zu dieser Strophe herausgestellt wird. Die Hymnen VII-XV geben über die Vita hinaus einige kurze Hinweise auf eine Auseinandersetzung des Heiligen mit Arianern, nämlich in Hy. IX, 25, XII, 10 und XIV, 16-19. Ferner ist in Hy. XII, 17 von weiten Wanderung des Heiligen die Rede, die er unternahm, um jedem Bescheid zu geben, der ihn rief, wovon die Vita nichts erzählt.

3) Eine stilistische Eigenart ist beiden Gruppen gemeinsam, eine Eigenart, die mir schon bei der ersten Lektüre aufgefallen ist und die nun ein genaues Studium nur bestätigt hat. Es finden sich viele ephrämische Wendungen und Bilder. Das gilt auch für die Hymnen auf Julianos Saba und rückt zunächst allgemein beide Werke in die Nähe des ephrämischen Schrifttums. Drei Beispiele für die Hymnen auf Abraham Kidunaya. Ganz ephrämisch ist es, wenn in Hy. V. 16-21 von den guten Werken gesagt wird, daß sie bei der Auferstehung und beim Gericht als Kleid am Körper oder wie Blüten an den Zweigen in Erscheinung treten. In Hy. XI, 14-19 ist vom Gesetz der Natur und vom mosaischen Gesetz wie bei Ephräm die Rede, und Hy. VII, 22 f. spricht vom Beschwören von Schlangen in einer Weise, die an Ephräm erinnert. Der Zusammenhang, in dem das geschieht ist allerdings unephrämisch. Von ihm wird noch die Rede sein.

Was nun aber sehr viele dieser Berührungen mit Ephräm wieder entwertet, ist der Umstand, daß die Bilder und Aussagen aus dem ursprünglichen Bereich letzter religiöser Fragen, die Gott und Mensch betreffen, gerissen und in einer manchmal geradezu lächerlichen Art auf den Heiligen und seine Verehrer übertragen werden. So heißt es z.B. in Hy. II, 7 : Die Wogen der süßen Erzählung von dir entführten mich... Ich fiel in die Wogen und wurde darin umhergeworfen. Bei Ephräm sind es die Wogen des Meeres der Gottheit. Im Hy. VI und VII häufen sich Fälle dieser Art. In Hy. VI, 3 ff. wird das von Ephräm für die Gotteserkenntnis verwendete Bild von Sonne, Strahl und Auge dafür verwendet, daß der Verfasser den Heiligen nur durch seine Hilfe sehen und erfassen kann. In gleicher Weise wird in Str. 6 das ephrämische Bild von den Farben zur Darstellung Gottes für die Schilderung des Heiligen entwertet. In Hy. VII, 4 heißt es : « Auch in Gedanken kann ich (den Heiligen) nicht einholen »; bei Ephräm versagen die Gedanken in der Erforschung Gottes. Für weitere Beispiele dieser Art sei auf die Anmerkungen zur Übersetzung verwiesen.

4) In der Beurteilung der Authentizität wurde schon öfters die Frage der Eschatologie herangezogen. Ein Sonderfall aus diesem Gebiet kommt nun hier in den Hymnen auf Abraham Kidunaya und in gleicher Weise auch für die auf Julianos Saba in Betracht, nämlich das Problem, ob und wie verstorbene Heilige unmittelbar durch ihre Fürbitte den Lebenden, die sie um ihre Hilfe anflehen, helfen können. Im Bereich der ephrämischen Anthropologie und Eschatologie scheint das unmöglich zu sein. Für seine Anthropologie kann dabei auf Parad. VIII verwiesen werden, wo in schärfster Form die Abhängigkeit der Seele in allen ihren Lebensregungen vom Körper herausgestellt wird. Die dadurch hervorgerufene eschatologische Schwierigkeit, wie dann Christus zum rechten Schächer sagen konnte: Heute noch wirst du mit mir im Paradiese sein, nachdem doch ein Betreten des Paradieses (des Himmels) nur für den vollen Menschen, der aus der Einheit von Leib und Seele besteht, in Frage kommen kann, löst Ephräm in Parad. VIII, 11 durch die Annahme, daß die Seelen der Gerechten im Vorparadies auf die Auferstehung warten. Daß aber auch für diese Seelen im Vorparadies die Folgen der Trennung der Seele vom Leib bleiben, mit andren Worten, daß für sie keine (neuen) Erfahrungen und Erkenntnisse möglich sind, habe ich im Kommentar zu Parad. VIII, 7-11 (Studia Anselmiana XXVI, S. 82-95) ausgeführt. Der Zustand dieser Seelen der Heiligen kann nicht wesentlich von dem der Seelen der übrigen Menschen in der Scheol verschieden sein, für die auf *de eccl.* 38, 16 verwiesen sei, wo es vom auferweckten Lazarus heißt, daß die Lebenden ihn umringten, um ihn zu fragen, wie die Wohnung in der Scheol aussehe und ob die Seele sie wahrnähme. « Doch er sprach : wie vom Lager meines Schlafes stand ich auf. « Ein Aufnehmen und Erfüllen der an die Heiligen im Zwischenzustand des Todes gerichteten Bitten um sofortige Hilfe im Leben ist daher nicht möglich. Eine an sie gerichtete Bitte kann von ihnen nur erfüllt werden, wenn sie sich auf die Zeit der Auferstehung und des Gerichts richtet. Dem entspricht Ephräms eigne Praxis in seinen Hymnen, besonders in den Carmina Nisibena, wo sich ja auch jener programmatische Satz findet, daß alle Menschen ein und denselben Weg haben, nicht nur von der Geburt bis zum Tod sondern auch noch vom Tod bis zur Auferweckung (73, 4). So betet er zu den drei Bischöfen Nisibis', die er wie Heilige verehrt, in CNis, 14, 25, f. nur darum, daß sie beim Gericht für ihn eintreten mögen. Ein Gebet zu einem Heiligen um sofortige Hilfe kenne ich aus echten Werken Ephräms nicht. Die unmittelbar schützende, helfende und heilende Wirkung,

die aus Martyrer und Heiligengräbern und ihren Reliquien strömt (vgl. CNis, 43, 1 u. 43, 11 f.) gehört nicht hieher. Denn hier handelt es sich um den Glauben an ein unpersönliches Kraftfeld, das vom toten Körper im Hinblick auf seine kommende Verklärung ausstrahlt.

Nun ist es höchst auffällig, daß die erste Hymnengruppe auf Abraham Kidunaya (bei Julianos Saba wird die gleiche Situation festzustellen sein) ganz im Rahmen der ephrämischen Auffassung bleibt, die zweite dagegen diese Grenze überschreitet. Die erste Gruppe kennt nur die Fürsprache des Heiligen beim Gericht. So heißt es in der auch sonst ganz ephrämisch gehaltenen Schlußstrophe des zweiten Hymnus : « Sei mir Fürbitter am Tag des Gerichts ! » Das gleiche gilt von den beiden Schlußstrophen des vierten Hymnus. Auch im fünften stimmen Str. 3 ff. und 15 ff. mit der ephrämischen Eschatologie überein und in der Schlußstrophe bittet der Verfasser wieder nur für die Zeit des letzten Gerichts, daß Gott seinen Schuldbrief zerreißen möge, weil er den Kranz für seinen Diener flocht.

Das Gebet um die Fürbitte des Heiligen beim Gericht findet sich auch im letzten Hymnus der zweiten Gruppe (XV) in Strophe 16, 26 und 28. Doch schon in dem überleitenden Hymnus VI bittet der Verfasser darüber hinaus den Heiligen um seine unmittelbare Hilfe mit den Worten : « Bete für mich, daß ich dich fassen kann. Denn ohne deine Fürbitte bin ich zu klein, um von dir zu erzählen. Wer könnte deine Siege darstellen ohne den Finger deines Gebetes » (Str. 2). Und nun ist es sehr interessant, wie in Strophe 13 des gleichen Hymnus diese sofortige Hilfe noch einmal in Zweifel gezogen wird (allerdings nicht ihre Möglichkeit sondern nur die Bereitschaft des Heiligen dazu) und wie dagegen mit seiner Hilfe beim Gericht fest gerechnet wird : «Auch wenn du mir nicht geben (wirst, willst) », bleiben wird doch deine Hilfe beim Gericht !

Noch aufschlußreicher ist die Lage im VII. Hymnus. Hier heißt es in Strophe 15 zunächst ohne weiteres : « Ich will (die Rüstung) seiner (des Heiligen) Hilfe anlegen und so von seinen Taten sprechen. Und seine (Für)bitte hilft mir Schwachem ». In Strophe 17 wandelt sich das in einen Wunsch : « Möge ich seine Hilfe erhalten... ». Und daran anschließend bemühen sich nun die Strophen 18 ff. darum, die Möglichkeit einer solchen Hilfe durch Vergleiche aufzuzeigen. Diese Vergleiche sind sehr merkwürdig und verraten, daß noch die ephrämische Psychologie zu Grunde liegt. Denn sie alle sprechen von einer geheimen, unbewußten Wirkung, so, wie insgeheim die Regungen des Bösen in uns sich regen, so, wie Wein (unbemerkt) in den Trinkenden wirkt, so, wie der Wille des Erziehers den Zögling (unbewußt) formt, und so, wie eine Beschwörung die Schlange erregt (ohne daß sie davon weiß).

Wie ist diese merkwürdige Lage zu erklären? Sicher wäre es nicht unmöglich an eine eigne Entwicklung Ephräms zu denken. Aber wahrscheinlicher ist doch die Annahme, daß wir es hier mit einer Weiterentwicklung der Lehre des Meisters bei seinen Schülern zu tun haben. Das wird noch deutlicher, wenn man einen analogen Fall heranzieht, der sich im Testament findet. Hier ist es das Problem, wie der sterbende (Sünder) Ephräm seine Umgebung und seine Schüler auffordern kann, bei seinem Begräbnis, am dreißigsten Tag und auch weiterhin für ihn zu beten. Kann dieses Gebet für ihn unmittelbar wirksam sein? Das behauptet zunächst Zeile 371 : « Denn die Toten haben Nutzen von der Hilfe, die die Lebenden ihnen geben ». Und nun folgen die Beweise : Der Wein im Steingefäß reift zur gleichen Zeit wie die Traube im Weinberg. Die Zwiebel im Keller merkt es daß die Zwiebel auf dem Feld Wurzel treibt und tut das gleiche. Man sieht die nahe Verwandtschaft dieser « Beweise » mit den Vergleichen von Abr. Kid. VII, 18 ff Nur stellen die Beispiele des Testaments noch viel mehr die völlig unbewußte telepathische Art dieser Wirksamkeit heraus. Im Testament erhebt daran anschließend ein Gegner den Einwand : das sind Beweise aus der Natur. Der Natur glaube ich nicht. Bring Beweise aus der Schrift! Der Ephräm des Testaments bringt diese Beweise, von denen bei der Übersetzung des Textes in Sermones IV die Rede sein wird. Hier muß noch hervorgehoben werden, daß auf diese Weise der Pseudoephräm des Testaments den echten Ephräm zu bekämpfen scheint. Mit anderen Worten : das Testament steht Ephräm noch ferner als die Hymnen auf Abraham Kidunaya und Julianos Saba.

II. Die Hymnen auf Julianos Saba

Auch hier muß zuerst hervorgehoben werden, daß die (unvollständig erhaltene) Sammlung in Gruppen zerfällt. Die erste (Hy. I-IV) ist nicht nur durch das Metrum sondern auch durch die alphabetische Reihenfolge aller Strophen fest geschlossen. Für die Unordnung, die in diesem Punkt in den beiden andern Gruppen (V-XVII und XVIII-XXIII) herrscht, sei auf das Vorwort zum Text und auf die Inhaltsangaben hier in der Übersetzung verwiesen.

1) Angaben über das Leben des Heiligen. Zum Vergleich steht hier die Vita des Heiligen in der *Historia Religiosa* des THEODORET (MG 82, 1305-1324) und ihre syrische Übersetzung (Ephräm zugeschrieben) bei BEDJAN, *Acta Mart.* VI, 380-404 zur Verfügung. Saba wurde nach Hy. II, 13 Einsiedler (*īḥīdâyâ*) im Blick auf den Glanz des Eingebornen (*īḥīdâyâ*). *Abīlâ* wird der Heilige indirekt in XIX, 7 genannt. Auch spricht die erste Hymnengruppe, zweimal von seiner *abīlūtâ* und zwar in II, 2 zusammen mit seinem Wachen, Fasten und Beten, und in III, 5 zusammen mit seiner Keuschheit und Jungfräulichkeit. Von seinem tagelangen Beten in Höhlen berichtet Hy. XVII, 2, was nur entfernt an die große Höhle erinnert, in der er und seine Schüler beteten, wie Theodoret erzählt. Daß er auch, um allein zu beten, (in die Wüste) hinauszog, berichtet Hy. II, 14. Doch kennen die Hymnen auch andre Wanderungen zu Fuß, um seelsorgerlich zu wirken (Hy. X, 1), von denen die Vita schweigt. Die Erwähnung dieser Wanderungen ist für den Verfasser Anlaß, die Demut des Heiligen zu preisen und dagegen zu polemisieren, daß « wir » dazu Wagen benützen (Hy. X u. XI). In Hy. III ist vom Wettkampf zwischen dem Heiligen und seinen Schülern die Rede. In III, 2 wird ihm dabei die *rēšânūtâ* die Vorsteherschaft zugeschrieben und von der klugen Milde seiner Erziehung gesprochen. Hy. XXII, 1 redet ihn dabei als *sâʿōrâ* (Hüter, Vorsteher, episkopos) an und schildert seine Wirksamkeit in der Gemeinschaft, welcher der Tod ein Ende gesetzt hat. In Hy. XIV, 6-9 werden die von ihm gegründeten Mönchssiedlungen (*dayrâtâ*) erwähnt. Nach Hy. XX, 4 und XXI, 20 war Saba dabei auch Priester, wovon die Vita nichts berichtet. Nach Theodoret hätte Sabas Leben in der Wüste achtundfünfzig Jahre lang gedauert. Hy. IX, 1-4 spricht summarisch von fünfzig Jahren. Ein Gegensatz in der Charakterisierung des Asketen in der Vita und in den Hymnen muß noch hervorgehoben werden. Hy. XV, 6 ff. berichtet, daß Saba in seiner Klugheit Freude und Lachen nicht verschmäht hat. Ein ganz anderes Bild gewinnt man aus folgender Episode, die Theodoret erzählt (MG 82, 1315 D) : beim Gebet wurde Saba der Tod Julians des Apostaten geoffenbart. Nach dem Gebet sei er dann zu seinen Schülern gegangen mit freudigem Gesicht, worüber die Schüler staunten : *skythrōpos gar aei phainomenos, tēnikauta meidiōn heōrāto.*

Die Reise nach Antiochien um der Partei der Orthodoxen zu helfen wird in den Hymnen nicht erwähnt. Man kann aber mit Schiwietz in Hy. I, 8-9 (vgl. Anm.) eine Anspielung darauf finden Dagegen wird von der Wanderung des Heiligen zum Berg Sinai und dem Bau einer Kirche auf dem Berg in den Hy. XIV und XIX-XX ausführlicher gesprochen als in der Vita. Neu ist ferner gegenüber Theodoret, der nur ganz kurz den Tod des Heiligen erwähnt und dann die Erzählung abbricht, was hier Hy. XII, 8-10 zu berichten weiß, daß « Heilige » (Mönche) die Leiche des Verstorbenen dreißig Meilen weit durch die Wüste auf ihren Schultern trugen. « Und am Tag, da man ihn begrub, trugen sie ihn auf ihren Händen zum Grabe. » Von diesem seinem Grab in Edessa schweigt Theodoret ebenfalls. Hy. IV, 1-5 dagegen feiert es als einen neuen Schatz der Stadt, der zu dem der Gräber der Martyrer Ḥabīb, Šmōnâ und Guryâ hinzugekommen sei.

2) Eine eigne kleine Untersuchung erfordert die in den Hymnen mehrmals wiederkehrende Bezeichnung des Heiligen als *abūn* « unser Vater ». Dabei ergibt sich Folgendes. In der ersten Hymnengruppe steht sie nur einmal, nämlich in I, 2, wo vom Schatz « unseres Vaters » die Rede ist. Der Schatz ist das Grab des Heiligen in der Stadt. Das « unser » schließt daher alle Edessener ein. Diese umfassende Bedeutung scheint im großen und ganzen auch noch in folgenden Stellen der zweiten Hymnengruppe vorhanden zu sein. Zu Beginn von Hy. VII, 1 heißt es : « Du gingst hinweg, unser Vater ». Ob hier der Kreis durch das « uns » von Str. 18 auf seine Schüler eingeengt wird, bleibt unklar. Ähnlich wie Hy. VII beginnt auch Hy. IX, 1 : « Mit großem Gewinn bist du fortgegangen, unser Vater ». Und auch hier schafft das « wir » von Str. 12 (Der Mund des Heiligen blieb frei vom Schwören. In unserem Mund hat es sich eingenistet) keine eindeutige Lage. Der Anfang von Hy. VII, 1 kehrt wörtlich wieder in Hy. XIV, 1 : « Du gingst hinweg, unser Vater ». Hier scheint der weitere Kreis aller Edessener gemeint zu sein. Denn von den Mönchssiedlungen ist erst gesondert in Str. 9 die Rede.

Auch im ersten Hymnus der dritten Gruppe scheint der Verfasser noch von einem weiteren Kreis auszugehen. Denn von den Mönchen spricht er in Strophe 3 in der dritten Person : « Das Band der Liebe zwischen dir und deinen Schülern ». Aber in Str. 8 heißt es eindeutig : « Nicht mehr schwebt dein Flügel über unseren Mönchssiedlungen ». Im 21. Hymnus verrät sich noch einmal ein Verfasser, der nicht als Einsiedler in der Wüste wohnt. Denn in der 23. Strophe sagt er von sich: Wir im bewohnten Land. Um so härter wirkt der Übergang zu den beiden folgenden Hymnen, XXII und XXIII, wo nun ganz klar ein Mönch und Schüler des Heiligen spricht. Hier steht auch gleich zu Beginn des Hy. XXII die schon erwähnte Anrede : « Wo soll ich dich suchen, o unser Hüter (Vorsteher, *sâʿōrâ*) ! » Str. 4 : « Du hast uns, deine

Geliebten, bei deinem Tod dem Herrn anvertraut». Str. 5: « Dein Tod hat uns zu Waisen gemacht». Str. 11 : « Unsere Gemeinde schmücke sich in dir... Unsere Gemeinde singe Psalmen bei deinem Gedächtnis ! » Str. 13 : « Wer hält noch stand in der Wüste... Dein Gebet mehre deine Söhne in der Wüste ! » Und in Str. 14 kehrt « unser Vater » wieder, hier eindeutig im Sinn von Mönchsvater. Str. 15 spricht von « deiner Siedlung, dem Hafen deiner Gebete » und daran anschließend Str. 16 : « Gar düster ist (jetzt) unsre Mönchssiedlung, o unser Vater ! » Und in der Schlußstrophe : «Der Mund deiner Söhne ruft nach dir». Hymnus XXIII, der letzte der dritten Gruppe, setzt das mit den einleitenden Worten fort : « Schönes Licht unsrer Gemeinschaft, seine Strahlen sind von unseren Siedlungen gewichen...» In Str. 12 ist der Heilige « unser Heerführer » und in Str. 14 Meister und Vorbild.

Hymnus XXIV scheint eine neue Gruppe mit eigner Melodie eingeleitet zu haben. Der Text bricht in Str. 13 ab. Inhaltlich greift er einen Teilpunkt des vorangehenden Hymnus auf. Aber Str. 4 scheint der Behauptung von XXIII, 3 zu widersprechen. Und was den Sprecher anlangt, so spricht er wieder in der dritten Person von den Mönchen in Str. 5 : « Es schauten auf dich deine Schüler.»

Überblickt man zum Schluß noch einmal alle Hymnen nach dem hier herausgestellten Gesichtspunkt des Kreises, von dem aus der Verfasser spricht, so kann festgestellt werden : In der ersten Hymnengruppe ist es ein Vertreter der edessenischen Kirche. In der zweiten bleibt seine Stellung unklar. In der dritten steht Hy. XXI mit einem Sprecher « im bewohnten Land » sicher im Gegensatz zu dem Verfasser von Hy. XXII und XXIII, die programmatisch eine Totenklage im Mund eines Mönchsschülers des Heiligen sind. Wer Ephräm für einen Schüler Sabas halten kann, wird diesen Gegensatz so lösen, daß er sagt : der Verfasser wechselt seinen Standpunkt, was bei Ephräm möglich ist, weil er beides war, Vertreter der Eremiten und Vertreter der Kirche Edessas.

Wer aber, wie ich, diese Annahme auf Grund des Alters und des Jahres, in dem Ephräm nach Edessa kam — ich verweise nebenbei hier auch noch auf Hy. VI, 22, wo von den « Jugendlichen» die Rede ist, die zu Saba in die Wüste eilten — und auf Grund des Inhalts seiner echten Werke für sehr unwahrscheinlich hält, der wird für alle Fälle die Uneinheitlichkeit der Hymnen hervorheben und wird für Hymnengruppen wie Jul. Saba I-IV die Möglichkeit einer Urheberschaft Ephräms offen lassen. Hier spielt nun auch wieder die Frage nach der

Fürbitte der Heiligen und ihr Wirkungsbereich mit herein, die jetzt für die Hymnen auf Julianos zu untersuchen ist.

3) Dabei zeigt sich eine sehr auffällige Ähnlichkeit mit der Lage in den Hymnen auf Abraham. Wie dort hält sich auch hier die erste Hymnengruppe in den Grenzen ephrämischer Eschatologie. Das geht aus der Schlußstrophe des zweiten Hymnus hervor (II, 17) : « Laßt uns fürchten, meine Geliebten ; denn der unermüdliche Beter und ständige Fürbitter und Helfer ist von uns gegangen ! » Diese Furcht und diese Klage setzt doch die Überzeugung voraus, daß die wirksame Fürbitte des lebenden Eremiten sich nicht nach seinem Tod fortsetzt oder gar steigert. Für den Glauben an die Macht des Fürbittgebetes lebender Eremiten sei auf eine Stelle der Sermones de rogationibus hingewiesen, für die eine verhältnismäßig alte Handschrift vorhanden ist, auf Lamy III, 91, 9 : « Die *abīlē*, die in den Höhlen wohnen, sollen mit uns und für uns bitten. Das Gebet der Wachenden (Eremiten) möge uns den Regen herabströmen lassen ! » Im zweiten Teil der Strophe II, 17 tritt echt ephrämisch, wie schon ausgeführt, an die Stelle einer Fürbitte des verstorbenen Heiligen, die wir erwarten würden, sein Grab und seine Reliquien : « So wie er uns Helfer im Leben war, sei er uns auch schützende Mauer durch seine Gebeine ! » Das wird in Hy. IV, 2 ff. weiter ausgeführt.

In der ersten Hymnengruppe herrscht also wie in der ersten der Hymnen auf Abraham die ephrämische Auffassung, Und genau so wie in den Hymnen auf Abraham ändert sich auch hier die Lage in der zweiten Hymnengruppe. So heißt es gleich in Hy. VII, 1 nach der schon besprochenen Anrede (Du gingst hinweg, unser Vater) : « Laß uns nicht verwaist zurück ! Deine Fürbitte beschütze uns nach deinem (Weggang) ! », in einem nicht zu übersehenden Gegensatz zu Hy. II, 17. Die Schlußbitte von Hy. XII (Str. 14f.) bleibt etwas unklar, scheint aber doch auch von der Auffassung der Str. VII, 1 getragen zu sein. Klar sprechen dagegen wieder die Schlußstrophen des XIII. Hymnus (13-15): «Auf sein Gebet hin gib mir, daß der Rest meiner Tage nicht verloren gehe... » Und noch klarer kommt der gleiche Gedanke in Hy. XVII, 20 zum Ausdruck : « (Der verstorbene Heilige) bete für meine Freiheit, daß ich mit meinem Willen deinem Willen gehorche ! » Man sieht, wie hier ohne weiteres das angenommen wird, wofür sich der Verfasser der zweiten Gruppe der Hymnen auf Abraham noch um Beweise bemüht hat.

Die Uneinheitlichkeit der dritten Gruppe der Hymnen auf Julianos ist schon in der Untersuchung der alphabetischen Reihen im Vorwort zum Text und hier im vorangehenden Abschnitt über den Kreis, aus dem heraus der Verfasser spricht, zu tage getreten. Sie wird in der Frage der Fürbitte des Heiligen erneut bestätigt. So hat man zunächst im ersten Hymnus der Gruppe (XVIII) ganz die ephrämische Auffassung. Denn in XVIII, 5 heißt es völlig im Sinn von Hy. II, 17 : « Kleinmütig sind wir geworden ; denn sein (des Heiligen) Gebet für uns ist verstummt ». Und in XVIII, 25 erwartet der Verfasser vom Heiligen, den er gepriesen hat, « daß er mich nicht unbeachtet lasse am Tag, da das Gericht über mich stattfinden wird ». Die andere Auffassung dagegen kommt voll und breit im XXII. Hymnus zur Entfaltung, wo von Strophe fünf an in jeder folgenden vom Gebet des verstorbenen Heiligen die Rede ist. Dieses Gebet soll Gott « an unsre Bewahrung erinnern » (5), es soll « den Mund deiner Söhne öffnen » zu monastischer Unterweisung in den Mönchssiedlungen (6), es soll « uns die Reinheit mehren, damit die Liebe deiner Söhne nicht wanke » (7), und zusammenfassend Strophe 9 : « Dein Gebet breite über uns aus Flügel und Rechte des wahren Vaters ! »

Man sieht, das Problem, das in der Erörterung der Hymnen auf Abraham Kidunaya sich stellte, kehrt hier wieder. Für mich geht es dabei, wie schon ausgeführt, um eine Fortentwicklung ephrämischer Anschauungen. Für die beiden ersten Hymnengruppen der zwei Sammlungen besteht demnach die Möglichkeit ephrämischer Herkunft. Da aber das stilistische Bedenken der Entwertung ephrämischer Bilder auch hier anzutreffen ist, neige ich mehr dazu, alle Hymnen Schülern Ephräms, oder besser allgemeiner gesprochen, Schriftstellern der ersten und zweiten Generation nach Ephräm, die unter dem beherrschenden Einfluß seines Schrifttums stehen, zuzuweisen. Die Einengung auf die erste und zweite Generation d.h. also auf die die erste Hälfte des fünften Jahrhunderts ist geboten durch das Zitat des Philoxenos.

Abkürzungen in den Anmerkungen

HdF = *Hymnen de Fide* (CSCO 154/Syr. 73).
CH = *Hymnen contra Haereses* (CSCO 170/Syr. 76).
Parad. und *contra Jul.* = *Hymnen de Paradiso und contra Julianum* (CSCO 174/Syr. 78).

Nat. und *Epiph.* = *Hymnen de Nativitate* (*Epiphania*) (CSCO 186/Syr. 82).
de eccl. = *Hymnen de Ecclesia* (CSCO 198/Syr. 94).
CNis = *Carmina Nisibena* (1. Teil CSCO 219/ Syr. 93 und 2. Teil CSCO 240/Syr.102).
de ieiun. = *Hymnen de ieiunio* (CSCO 212/Syr. 106).
de crucif. und *de resurr.* = *Paschahymnen* (CSCO 248/Syr. 108).
SdF = *Sermones de Fide* (CSCO 212/Syr. 88).
Sermones I = *Sermones* I (CSCO 305/Syr. 130).
Sermones II = *Sermones* II (CSCO 310/Syr. 135).
SDN = *Sermo de Domino Nostro* (CSCO 270/Syr. 116).
Testament wird zitiert nach den Zeilen der kommenden Neuausgabe in *Sermones* IV.
GETon = R.M. TONNEAU, *Sancti Ephraem Syri in Genesim et in Exodum Commentarii*, CSCO 152/Syr. 71.
Diat = L. LELOIR, *Saint Éphrem commentaire de l'évangile concordant, texte syriaque* (Dublin 1963).
Pr. Ref. = C.W. MITCHELL (BEVAN BURKITT), *S. Ephraem's Prose Refutations* I-II (London, 1912, 1921).
LAMY (I-IV) = TH. J. LAMY, *Sancti Ephraem Syri Hymni et Sermones* I-IV (Mechliniae 1882-1902).
OVERB. = J. OVERBECK, *S. Ephraem Syri... opera selecta*, (Oxonii 1865).
Thes = PAYNE SMITH, *Thesaurus Syriacus* (Oxonii 1879, 1901).
BR. = C. BROCKELMANN, *Lexicon Syriacum*, 2. Aufl. 1928.

Abtei Metten 25. II. 1971. P. Edmund BECK

FERNER DIE HYMNEN AUF ABRAHAM KIDŪNÂYÂ

NACH DER VORANGEHENDEN MELODIE [1]

verfaßt von Mar Ephräm

I

1 El [2], der siegreiche Gott, * sandte den Tod, den allbezwingenden. * (Dieser) trat ein und nahm aus unserem Volk * den Spiegel [3], der hier aufgestellt war, * worin sich unser Volk schmückte.

Responsorium : Gepriesen sei, der dich, Greis, gekrönt hat!

2 In ihm sah jeder sich selber, * in ihm tadelte jeder sich selber. * Du, Greis, warst Spiegel [3]. * Wer hineinblickte, ohne durch ihn schön zu werden, * dessen Häßlichkeit fand in ihm Tadel.

3 Dich, mein Herr, sahen die Nachlässigen; * sie wurden beschämt durch deinen Eifer. * Dich sahen auch die Trägen; * durch deine Ausdauer wurden sie getadelt. * Für die Untätigen war deine Rührigkeit ein Vorwurf.

4 Im (Wett)lauf des Fastens zeigtest du dich siegreich, * im (Wett)lauf der Mühen männlich. * Der Vorwurf der Gier traf dich nicht. * Reinheit war dein großer Ruhm.

5 Die zwei strahlenden Gebote : * liebe deinen Nächsten und deinen Gott [4], * spanntest du zusammen wie unters Joch. * Und zwischen Mensch und Gott * sätest du gute Pfänder.

I. Str. 1-3 : Der Tod des Heiligen raubt seinem Volk den Spiegel aller Tugenden. 4-17 : Die Werke des Heiligen : Fasten, Gottes u. Nächstenliebe, Almosen, Gebet (10-11), äußerer Schmutz u. innere Reinheit (13-14), Wachen, unermüdlich bis ins Greisenalter. 18-19 : Der Tod des Heiligen 20 : Der Greis beschämt die Jugend. 21 : Sieg über den Mammon.

[1] Vorangeht in der Hs ein Hym. de filiis Samonae u. die Hym. VIII-XII de confessoribus. Der Anfang von VIII fehlt. Alle diese Hym. sind mit *bar qâleh* bzw. wie hier mit *ʿal qâlâ da-qdâmaw* eingeleitet. Doch zu Beginn des Hym. XI de conf. wird zu *bar qâleh* noch hinzugefügt : *d-mawdyânē*. Zur Melodie : *d-mawdyânē* vgl. Anm. zu Nat. I, 1 (Übersetzung). Die Strophe besteht aus fünf Gliedern zu sieben Silben.

[2] Zum hebr. *ēl* (*īl*) als Gottesnamen vgl. *CH* 55,6 (Bardaisan) u. *de ieiun.* 9, 6, 7 u. 9. Im *Testament* (Z. 79) heißt es von Christus am Kreuz : *haw pūmâ d-emar īl.*

[3] Vgl. dazu *CNis* 16, 1-6 mit Anm. zu Str. 1,1.

[4] Die Vita (LAMY IV, 47, 24 ff.) führt das mit leeren Fragen aus.

6 Du hörtest, um zu tun. * Du tatest, um auszuleihen [1]. * Du liehst aus, um zu glauben. * Du glaubtest, um zu empfangen. * Und du wirst empfangen, um zu besitzen.

7 Deine Almosen und Gebete * finden sich überall wie ausgeliehen [1]. * Sie bereichern ihre Empfänger, * und dir gehört Kapital und Zinsen * Was du ausgeliehen hast, wird zurückgegeben.

8 Es gleicht das Almosen des Gebenden * dem Darlehen, das Gerechte geben. * Denn es ist ganz beim Entleiher * und ganz beim Ausleihenden, * weil es mit seinen Zinsen zu ihm zurückkehrt.

9 Den verstreuten und verlorenen [2] Samen, * ausgestreut in den Schoß der Erde, * sammelt man in die Scheune des Landmanns. * Der Same, den du überall gesät hast, * kehrt in der Auferstehung zu dir zurück.

10 Dein Gebet war ein unsichtbarer Wagen [3]. * Zwischen Himmel und Erde flog er. * Auf ihm stiegst du unsichtbarer Weise empor * wie Elias auf sichtbare Weise * zur Tür deines himmlischen Herrn [4].

11 Denn im Gebet steigt der Mensch empor * zur Höhe, die kein Mensch erreicht. * In seiner Liebe stieg der Lebendige herab, * um den Tod eines jeden Menschen zu verkosten. * Einer stieg herab und viele führte er empor.

12 Der Törichte, außerhalb seines Körpers * hinterlegt er den Reichtum für andre. * Deinen Reichtum hast du in dir selber hinterlegt, * damit, wenn der Reichtum auf Erden zurückbleibt, * dein Reichtum mit dir weggehe.

13 Dein Körper war mager [5] und kannte weder * Waschen noch Salben [6]. * Der Schmutz, der an deinen Körper kam, * reinigte deinen Geist von dem Schmutz, * der aus einem üppigen Leben entsteht.

14 Beim Reinigen des Körpers * kommt Schmutz über die Seele. * Einer wäscht sich wegen der Farbe (der Haut), * ein andrer wegen (des Schweißes) der Arbeit. * Beide übertrafst du, o Greis.

15 Im Finstern wachen die Diebe [7] * und rauben den Reichtum der anderen.

[1] Die guten Werke werden Gott ausgeliehen, um sie mit Zinsen zurückzuerhalten; vgl. *HdF* 5, 17 u. 19.

[2] Das *abīdâ* ist dem Sinne nach wohl gleich mit dem (*nâflâ*) *w-mâytâ* (*b-ar'â*) von *Jo.*, XII, 24

[3] Später, in Hym. 5, 14 wird das Gebet ein Schiff genannt, das das Meer der Luft spaltet. Bei Ephr. heißt es in *de eccl.* 4, 10 nur, daß Gebet ohne Liebe keine Flügel hat, um emporzufliegen

[4] Nach *Nat.* 1, 96 hat die Geburt Christi die Tür zur himmlischen Höhe für unsre Gebete geöffnet.

[5] Das Verb von *Ps.*, CIX, 24.

[6] Ähnlich kurz die Vita (L. IV, 49, 10 f.).

[7] Vgl. *Nat.*, I 64.

* Dein Wachen bewahrte deinen Reichtum. * Am Tag, da Träge schlafen, * mehrte deine Mühe deinen Reichtum.

16 Nicht hinderte dich der Schnee am Aussäen * noch die Hitze am Pflanzen. * Denn rührig warst du (noch als) Greis. * Wenn dein Fasten gesät und gepflanzt hatte, * begoß in Strömen das Weinen deines (nächtlichen) Wachens.

17 Eine müßige Stunde hat man bei dir, * o Greis, nicht gesehen. * Denn während Jugendliche schliefen, * hast du aus dem Lauf zur Zeit des Laufes * dir den Siegeskranz geflochten.

18 Dein Tod trug mit sich fort * die Kränze, die dein Leben flocht. * Siehe, an deinen Gliedern deine Kränze, * unter uns deine Kämpfe, * bei den Engeln dein Lob!

19 Es lobten dich die Engel, als sie sahen, * daß unter den trägen Jugendlichen * der Greis durch Mühe strahlte. * Lasten, die die Jugend abwarf,* trugst du, o Greis!

20 Eine Beschämung für die Knaben, * ein Tadel für junge Männer : * beide sahen dich und schämten sich. * Mühen trugst du, o Greis, * zahlreich wie deine grauen Haare!

21 Mammon, der Herrscher über die Toren, * wurde für dich, o Weiser, zum Knecht. * Durch ihn werden die Habgierigen schuldig, * durch ihn werden, die ihn weggeben, gekrönt. * Durch ihn wurden deine Almosen gekrönt.

Ende des ersten (Hymnus) auf Abrâhâm Qīdūnâyâ

II

Der zweite (Hymnus) nach der gleichen Melodie

1 Es schmückte Samuel deine Wahrheit : * Sein Mund rief das Volk als Zeugen auf, * und das Volk sprach ihn frei von jeder Bestechung [1]. * Deine Mund ist stumm. * Doch deine Wahrheit ruft laut für dich.
Reponsorium : Gepriesen sei, der dich, o Greis, geschmückt hat.

II. Str. 1 : Samuel als bibl. Beispiel für die in der Schlußstrophe des vorangrhenden Hym. genannte Tugend. 2-4 : Elias u. Elisäus, Apostel u. Propheten als Vorbilder des Heiligen. 5-6 : Die Geliebten u. Brüder, die Söhne u. Schüler des Heiligen trauern über seinen Tod. 7-9 : Ein literarischer Topos : das Meer der Tugenden des Heiligen verwirrt den Verfasser. 10-25 : Wie der orthodoxe Glaube des Heiligen die Irrlehre des Markion zurückwies. 26 : Persönliche Schlußstrophe im Stile Ephräms : der Heilige möge am Tag des Gerichtes für ihn bitten.

[1] Vgl. 1 *Reg.*, XII, 4 ff.

2 Deine Wahrheit ist die des Samuel. * Deine Zurechtweisung ist die des Elias. * Deine Reinheit gleicht der des Elisäus. * Glied für Glied, so bist du aus den Gerechten * zusammengesetzt mit deinen Gliedern.

3 Mit den Augen des Herzens schautest du * auf die Apostel und Propheten. * Du bildetest sie ab in deinen Gliedern. * Jeder, der auf dich schaute, * sah in dir auch sie.

4 Ihre Reinheit war in dir abgebildet, * ihre Keuschheit war in dir abgezeichnet. * In ihre Armut [1] warst du gehüllt, * dein Körper trug das Kleid ihres Fastens, * ihre Gebete flossen aus deinem Mund.

5 Ein Mann solcher Siege, * welchen Schmerz empfinden wohl seine Geliebten! * Ein Mann solcher Schätze, * wie sollen seine Brüder nicht weinen! * Denn welcher Schatz ging ihnen verloren!

6 Zwischen Trauer und Trost, * zwischen Leid und Sieg * stehen deine Söhne und deine Schüler [2]. * Doch wenn sie das Leid besiegt haben, * erfreut sie der Trost [3].

7 Schritt für Schritt entführten mich * die Wogen der süßen Erzählung von dir. * Ich fiel in die Wogen und wurde umhergeworfen [4], * und ohne die Erzählung zu verlassen, * habe ich nichts davon vorgebracht.

8 Ich glich dem Schmelzofen [5] eines Werkmeisters : * er ist ein Durchgangsort für die Luft, * und immer wird er voll und leer, * und immer fängt er Luft ein * und hat doch nichts davon eingefangen.

9 Wiederum will ich dein Schatzhaus betreten, * das die Augen durch seine Reichtümer verwirrt. * Denn alle deine Reichtümer rufen mich, * doch allen bin ich nicht gewachsen. * So will ich das erste ergreifen, das mir in den Weg kommt.

10 Die Lebensarznei begegnete mir zuerst. * Ich will sie nehmen und sie den Bedürftigen geben. * Dein wahrer (Glaube), mein Herr, ist die Lebens-

[1] Syr. *'anwâyûtâ*; die Bedeutung « Armut » wird gewählt, weil es in Hym. 4,6 heißt, daß die Speise des Heiligen *'anwây* (armselig, dürftig) war. Das Adjektiv steht auch schon in *CH* 47, 4, wo die Aussagen *abîl*, *'anwây ṣayyâm* von Johannes dem Täufer gemacht werden.

[2] Zu «Söhnen u. Schülern» vgl. die « Geliebten u. Brüder » der vorangehenden Strophe Von Mönchssiedlungen spricht nur Hym. 4, 23 ohne unmittelbare Beziehung zum Heiligen.

[3] Der Text der letzten zwei Glieder wäre in der Hs N klarer : denn da sie dein Tod in Trauer versetzte, erfreut sie dein Sieg.

[4] Das Bild wirkt hier gezwungen und leer In *CH* 31,8 sind es die Wogen des Meeres der Gottheit, die den Forscher steuerlos treiben lassen.

[5] Genauer der dazu gehörige Blasbalg, was *kûrâ* nach den von *Thes* zitierten einheimischen Lexica auch bedeuten soll.

arznei : * neben das eine wahre Wesen [1] * hast du keine andre Wesenheit [1] gestellt.

11 Sehr wohl wußtest du und lehrtest du : * wenn es eine andre Macht gäbe, * hätte sie sich selber nicht verborgen halten können, * da der Schöpfer laut rief : * « Ich bin und keiner außer mir » [2].

12 Treffend lerntest du und lehrtest du : * wenn es sie gegeben hätte und sie verborgen geblieben wäre, * zu welchem Nutzen hätte sie sich versteckt ? * Damals wäre es doch angebracht gewesen, * daß die eine Macht der andren entgegengetreten wäre !

13 Laßt uns für einen Augenblick annehmen : * es gab die fremde Macht, * sie hat aber in jener Zeit (der Herausforderung) zum Kampf * sich nicht zeigen wollen. * Am Ende aber hat sie sich gezeigt [3].

14 Ihr Fernbleiben wäre dann sehr schwächlich, * ihr Kommen sehr diebisch. [4] * Zur Zeit des Kampfes hätte sie sich verborgen, * zur Zeit der Beute wäre sie hervorgekommen. * Ihre Verkünder seien wie sie !

15 Sollte aber ein Leugner sagen : * « Sie kam nicht zum Kampf wie der Böse. * Zum Kreuz kam sie als der Gütige. » * So hat sie also einen gewaltigen Kampf gekämpft * mit dem Kreuz als Waffe !

[1] Syr. *ītyâ* u. *ītûtâ*, die Termini Ephräms in seiner Polemik vor allem gegen Bardaisan wie in *CH* 16, aber auch gegen Markion und Mani. In *CH*, 16, 9 heiß es fast wörtlich wie hier : *ʿam ḥad ītyâ layt ḥrēnâ.*

[2] Syr. *enâ nâ w-layt ḥrēnâ.* Obwohl in Str. 18 diese Worte mit dem Sinai (vgl. *Ex.* XX, 2) verbunden werden, liegen ihnen offenbar Stellen aus Deuteroisaias zu grunde wie : *enâ nâ Mâryâ w-layt tūb l-bar men(ī)* ((XLIII, 11 ; XLV, 5) oder kürzer XLV, 18 : *enâ nâ Mâryâ w-layt tūb.* Letzteres ist die Form, die *Pr. Ref.* II, 95, 47 ff. zitiert in einer Polemik gegen Markion auf Grund der Erzählung von der Verklärung Christi. Mit dem Zitat soll bewiesen werden, daß der gerechte Gott nicht aus Furcht vor dem Fremden dessen irreführende Stimme (Das ist mein geliebter Sohn) geduldet hätte. Im Kommentar zum Diatessaron erscheint das Zitat noch einmal, wieder im Zusammenhang der Verklärung des Herrn, aber anders verwendet. Denn hier heißt es auf die Frage : wo war der Gerechte zur Zeit, da die Stimme erscholl : *medḥal dḥel w-eṭaššī* (vgl. wie dieses *ṭša* in Str. 12,3 vom Fremden angenommen wird) oder (u. das ist die neue Erklärung) sind etwa der Gute u. der Gerechte übereingekommen, daß einmal der Gerechte sage: *enâ nâ qadmâyâ wa-ḥrâyâ* (*Diat.* XIV, 9, 13), ein anderes mal der Gütige : « Dies ist mein geliebter Sohn ». Das Zitat erscheint auch noch in *Pr. Ref.* II, 59, 20. Hier meint Ephr., der gerechte Gott habe Adam vielleicht deswegen nach dem Sündenfall im Gegensatz zu der Androhung des sofortigen Todes nach der Sünde noch 930 Jahre lang (getrennt vom Lebensbaum) leben lassen, damit er einsehe, daß es keinen andern Gott gibt, der ihn ins Paradies hätte zurückführen können : *zaddeq, ō Marqyōn, l-haw d-emar d- enâ nâ alâhâ w-layt tūb l-bar men(ī).* Sehr verdächtig ist, daß die Vita das gleiche Zitat verwendet, aber im Kampf gegen das Heidentum (LAMY IV, 29, 1 f.) .

[3] Vgl. dazu *Pr. Ref.* II 59, 25 (Markion sagt) : *lâ qaddem etâ Nukrâyâ da-l- ḥartâ tetḥezē hwât ṭaybūteh* (Der Fremde kam nicht vorher, damit seine Güte am Ende erscheine).

[4] Vgl. *CH*, 35, 5.

16 Die Sonne verfinsterte er am Firmament, * den Vorhang des Tempels zerriß er. * Und (auch) nach der Auffassung der Leugner : * wenn einer sein Kommen prüft, * es ist voll und ganz eine Quelle von Kämpfen.

17 Ein Betrüger war er und ein Unruhestifter, * der das Kleid des Raumes anlegte [1] * und insgeheim den Raum betrat * ohne den Herrn des Raumes, * um uns aus unserem Raum in seinen Raum wegzuführen.

18 Dein Mund sang deinem Herrn, * jenem der in aller Offenheit auf dem Berg Sinai * sich erhob und seinem Volk verkündete : * « Ich bin es und es gibt keinen außer mir ». * Und seine Geschöpfe in seinem Raum stimmten ihm zu.

19 Es legte Zeugnis ab für ihn der Berg mit seiner Flamme, * das Meer durch sein Sichspalten. * Es legte Zeugnis ab für ihn die Schlacht mit Amalek : * Moses hob seine Hände und senkte sie [2]. * Er bezeugte, daß du es bist, oben und unten.

20 Voll von Erbarmen sandte er seinen Sohn aus, * daß er komme und die Völker erlöse, * so wie er das Volk aus Ägypten (gerettet hatte). * Die Schöpfung legte Zeugnis ab für den Sohn ihres Herrn, * wie vordem für ihren Herrn.

21 Es zeugte für ihn das Meer, das verstummte, [3] * die Gräber, die sich spalteten [4], * der Himmel, der sich auftat [5]. * Oben und unten [6] verfinsterte sich die Sonne. * Sie bezeugte ihm : du bist es, oben und unten.

22 Denn sowohl oben wie unten * gibt es nur ein einziges Wesen, oben wie unten gibt es auch * nur den einen eingebornen Sohn. * Der Einzige zeugte den Eingebornen. [7]

23 So lerntest du und lehrtest du. * Mit wenigen Worten lehrtest du. * Doch mit vielen Werken * wie mit vielen Mündern * lehrtest du allen die Wahrheit.

[1] Vgl. *CH*, 30, 7 (er verstellte sich wie ein Spion, er hüllte sich in Gestalten die ihm nicht gehörten u. in « gestohlene Formen » (30, 8). Zu den Räumen vgl. *Pr. Ref.* I 44, 26 ; 45, 12 ; 46, 20 u. 140, 3 ff.

[2] Syr. *arīm īdaw w- aḥet* für Peš *Ex.*, XVII, 11 : *mrīm hwâ īdaw* bzw. *mnīḥ hwâ*

[3] Vgl. *Matth.*, VIII, 26 u. Par.

[4] Vgl. *Matth.*, XXVII, 52.

[5] Das Verb von *Marc.*, I, 10.

[6] Ist das die « Finsternis über das ganze Land » von *Matth.*, XXVII, 45 u. Par ?

[7] Syr. *īḥīdâ awled l- īḥīdâ*, wobei es gegen den Sprachgebrauch Ephräms ist, daß auch der Vater *īḥīdâ* genannt wird. Zu *īḥīdâ* (statt des gewöhnlichen *īḥīdâyâ*) für den Sohn vgl. *SdF* 1, 71 u. 6, 259. Für den Vater steht *ḥad* wie in *Parad*. 9, 14, 6. Das *ḥad* findet sich auch für Vater und Sohn wie in *HdF* 6, 13 (die Werke wurden geschaffen *b-yad ḥad men ḥad*), oder *SdF* 1, 91 (*had ḥū l-ḥad meškaḥ ḥâzē*). Zum Verb *awled* in diesem Satz vgl. *HdF* 40, 5 ; *kyânâ d-mawled īḥīdâyīt*

24 Weit machtest du dein Denken, * eng deinen Sinn. * Die Woge der Wahrheit ergoß sich in dich. * Doch nicht war in dir Raum, um aufzunehmen * die Bitterkeit der Irrlehren.
25 Die Süßigkeit des Irrtums, * geknetet in das Todesgift, * betrügt eilends den Sinn. * Einer kostet, irrt und verschlingt, * ein andrer prüft, speit aus und wirft ihn weg.
26 Alle meine Verdienste sind mir geraubt. * nur eins verblieb mir, * mein Glaube an die Wahrheit [1]. * Sei (mir) Fürbitter am Tag des Gerichtes [2], * daß ich durch dieses eine (Verdienst) das Leben finde am Tag des Gerichts!

Ende des zweiten (Hymnus) auf Abrâhâm Qīdūnâyâ

III

Der dritte (Hymnus) nach der gleichen Melodie

1 O himmlischer Kaufmann, * der sich in unserem Volk Reichtümer erhandelte * und (nun) sich trennte und von hier wegging! * Und da er wegging zum Hafen des Lebens [3], * hinterließ er uns die Trauer über seinen Tod.
Responsorium : Gepriesen sei, der deinen Sieg groß gemacht hat!
2 Wenn unser Feind sieht, * daß er im Kampf unterlag, * dann flieht er und versteckt sich im Stolz. * Er legt ihn wie eine Waffe an, * um den Tüchtigen durch Stolz zu besiegen [4].
3 Ungeordnet liegen deine Siege da, * und sie verwirren die Augen des Geistes, * wie ein königlicher Schatz, * in dem ungeordnet die Reichtümer sind * und das Auge mit allen Schönheiten verwirren.

[1] Die Schlußstr., die sehr überraschend kommt, ist ephrämischen nachgebildet. Für das einzige Verdienst des wahren Glaubens vgl. *CH* 26, 10 u. *CH* 37, 10.

[2] Ähnlich hofft Ephr. in *CNis* 14, 25 f. auf die Fürsprache seiner drei Meister, der drei Bischöfe Nisibis' beim Gericht. Neu ist die Verbindung mit dem Verdienst.

III. Str. 1 : Der verstorbene Heilige als Kaufmann. 2 : Die letzte Waffe des Bösen, der Stolz. 3-5 : Wieder der lit. Topos : Verwirrung des Verfassers vor dem Reichtum des Heiligen. 6-19 : Das Wunder der Schätze des Heiligen, die ganz bei ihm sind u. bei seinen Söhnen, mit ihm im Grab u. zugleich im Himmel. Dafür Beispiele aus der Bibel : Moses u. Josue; Elias u. Elisäus; die Stäbchen des Jakob u. die Schafe. 20 : Der doppelte Sieg der Augen des Heiligen (Vgl. das Thema des nächsten Hymnus bs. Str. 5).

[3] Syr. *la-lmēn ḥayyē praš hwâ*, vgl. *CNis* 17, 1 : Bischof Vologeses *praš wa-nfaq la-lmēnâk*. Statt *lmēn ḥayyē* heißt es in *CNis* 26, 8 u. *Virg* 31, 15 : *lmēn šaynâ*.

[4] Das wird breit ausgeführt in der Vita (Lamy iv, 39, 27 ff.).

4 Welchen deiner Reichtümer soll ich betrachten, * da alle zusammen mich einladen * und jeder einzelne mich zu sich zieht? * Mich Armen verwirren * die geistigen Reichtümer deines Schatzes.

5 Wer wird von den Schätzen erzählen (können), * die bei dir sind und bei uns? * Sie folgten dir ins Totenreich * und erzielen zugleich Gewinne auch hier unter den Lebenden. * Sie blieben zurück und sind mit dir weggegangen.

6 O Schätze bei den Toten! * Lebende besitzen sie zusammen mit dir. * Deine Schätze sind bei dir * und zugleich bei deinen Söhnen und Töchtern [1]. * Du nahmst sie mit fort und ließest sie zurück.

7 Ein großes Wunder: du * besitzest sie allein. * Doch zugleich besitzen viele sie mit dir. * In deinem Leib [2] sind sie bei dir aufbewahrt, * und im Himmel [3] bei dem Sohn deines Herrn.

8 Der Schatz der Gerechten der Vorzeit * ist ganz mit ihnen weggegangen, * und doch auch ganz für ihre Söhne zurückgeblieben. * Denn es ist ein Reichtum, der mit seinen Besitzern weggeht * und auch bei den Geliebten zurückbleibt.

9 Moses starb auf dem Berg und schied [4]. * Er nahm seinen Reichtum mit sich, * und ließ ihn zugleich für seinen Schüler zurück. * Denn sein Schüler füllte seine Schätze an * aus den Beispielen und Vorbildern seines Meisters.

10 Und er holte aus den Reichtümern seines Meisters hervor * ein Gebet wie sein Meister. * Zur Zeit, da Akar [5] stahl * und das Volk im Kampf behinderte [5], * da betete er [6] und verlieh dem Volk den Sieg.

11 Auch Elias, der in die Höhe entführt wurde [7], * trug dabei seinen Reichtum mit sich. * Zugleich gab er ihn seinem Schüler zweifach [8]. * Der Meister trug seinen Reichtum mit sich fort * und hinterließ ihn doppelt seinem Schüler.

12 Wer wird erzählen (können) von dem Schatz, * der ganz beim Meister blieb * und ganz auch bei seinem Schüler war. * Er stieg mit dem Meister

[1] Zu den Söhnen vgl. Hym. 2, 6; die « Töchter » kommen hier neu hinzu.

[2] Und damit in der Scheol (Grab).

[3] Nach *CNis*, 73, 1 als Pfänder. Vgl. auch hier den « Körpern » unter der Erde gegenübergestellt.

[4] Vgl. *Deut.*, XXXIV, 1.

[5] Der Name des Achan von *Jos.*, VII, 1 ff. wie auch in *de eccl.* 46. 9 u. *CNis*, 39, 3

[6] Vgl. *Jos.*, VII, 6 ff.

[7] Vgl. 4 *Reg.*, II, 11.

[8] Syr. *ḥad trēn*, der Ausdruck der Peš in 4 *Reg.*, II, 9.

in den Himmel empor [1] * und blieb auf Erden bei seinem Schüler.

13 Auch die Stäbchen [2], die Jakob befestigte [2] * vor den Schafen wie zum Vorbild, * legten ihren Schmuck nicht ab, * und breiteten ihn doch auch über die Schafe aus, * indem sie die Lämmer in ihre Schönheit kleideten.

14 Wenn nun die Stäbchen, ohne Wahrnehmung, * ohne von sich etwas wegzugeben, * alles was sie besaßen, wegschenkten : * sie trugen (nach wie vor) ihren Schatz, * und (zugleich) trugen die Lämmer ihren Reichtum,

15 um wie viel mehr werden die Seelen der Gerechten, * in die gute Vorbilder gezeichnet sind, * die Herde Christi bereichern * mit einem Reichtum, der die Empfänger reich macht * ...... [3]

16 Statt der Stäbchen, die Jakob formte, * formtest und schmücktest du * mit allem Schmuck dich, o Vater. * Dein Schmuck war eingeengt auf dich * und zugleich ausgebreitet über alle.

17 Siehe dein Schmuck lag auf deinen Gliedern * wie die Formen auf den Stäbchen. * Ohne ihn abzulegen * gabst du den Schmuck auch unsrer Herde [4], * wie die Stäbchen, die die Schafe schmückten.

18 Deine Schätze liegen in dir, * sie liegen auch im Himmel. [5] Sie liegen in den Kirchen, [4] * sie liegen in den Seelen. * Dein Reichtum, mein Herr, ist verstreut und gesammelt.

19 Deine Schätze gleichen (hierin) dir, * der du ganz überallhin verstreut warst [6] * und doch ganz gesammelt bei dem Einen. * Zusammen mit allen eiltest du, * und bist zugleich nicht von deinem Herrn gewichen.

20 Zwei Kämpfe führtest du. * Dein Blick verachtete die Begierde; * es siegte dein Blick bei Tag * (und) in der Nacht war dein Wachen siegreich. * Selig, der du in allem die Vollendung errangst!

Ende des dritten (Hymnus) auf Abrâhâm Qīdūnâyâ

[1] Der Gegensatz zu der Aussage in Str. 7 erklärt sich daraus, daß Elias nach der Schrift schon mit dem Leib in den Himmel auffuhr

[2] Die Wörter der Peš in *Gen.*, XXX, 38. Zur Deutung, die diese Erzählung hier erfährt, vgl. die damit verwandte aber kürzer gehaltene in Hym. auf *Jul. Sâbâ* 14. 5 f. Mit letzterer berührt sich *Epiph.* 7, 2 Ephr. stellt in *HdF* 53, 1 die Erzählung fast verächtlich neben das Weibergeschwätz von den Mandragoren in *Gen* .,XXX, 14.

[3] Der Schreiber der (einzigen) Hs hat die letzte Strophenzeile ausgelassen. Ihr Inhalt ist nach dem Zusammenhang zu erraten, etwa : « und zugleich dem Gebenden verbleibt ».

[4] Da es an der zweiten Stelle klar *'ēdâtâ* (Kirchen) heißt, ist hier nicht an Mönchsgemeinden zu denken.

[5] Vgl. oben Str. 7 mit Anm.

[6] Das Praeteritum ergibt sich aus dem folgenden *râheṭ hwayt*.

IV

Der vierte (Hymnus) nach der gleichen Melodie

1 Selig, Greis, der du siegreich erstrahltest! * Dein Fasten (war) ein Schatz voll von Hilfen, * dein Gebet ein Vorrat von Arzneien. * Deine beiden Augen wurden dir * eine entsühnende Taufe [1].
Responsorium : Gepriesen sei, der für dich die Gedächtnis (feiern) mehrte!

2 Zwar ist die Taufe * nur eine, die Makel weißzuwaschen [2]. * Doch auch die beiden Augen * werden, wenn mit Tränen gefüllt, * zu einer Taufe für die Glieder.

3 Da der Schöpfer im voraus wußte [2], * daß Sünden zu jeder Stunde in uns zahlreich wären * und die Taufe nur eine einzige sei, * befestigte er an dem einen Körper die zwei * Tauf (brunnen) der Entsühnung.

4 O über den Gütigen, der zugleich gelegt hat * Sehen und Weinen in die Augen, * damit, wenn das Sehen die Augen zur Sünde verführt hat, * das Weinen auftritt und den Körper entsühnt. * Gepriesen sei, der Arznei und Wunde miteinander verband!

5 Dir aber war dein Sehen bei Tag * die Möglichkeit für das Almosen (geben), * und auch das Weinen war dir eine Waffe * beim Beten in der Nacht. * Mit beiden Waffen warst du siegreich.

6 Dein Mund verachtete die Speisen. * Obwohl dir alles rein war, * enthieltest du dich von allem. * Arm war deine Speise, * rein dein Denken.

7 Dein Gebet war ganz ein (Beten) um Verzeihung * gegenüber einem Menschen, der an dir gesündigt hatte. * Dein Gebet war ganz ein (Beten) um Vergeltung * gegenüber dem bösen (Feind), der (in einem Menschen) an dir sündigte. * Du warst Verzeiher und Rächer (zugleich).

8 Denn vom Bösen, der der Feind ist, * fordertest du die Schuld ein. * Dem Menschen aber hast du, weil er Glied (Christi) [3] ist, * die Schuld vergeben. * Weil du vergabst und einfordertest, wurdest du gekrönt.

IV. Str. 1 : Die Schätze des Heiligen wie Fasten Gebet u. Bußtränen. 2-5 : Tauf(wasser) u. Buß(tränen) 6-8 : Fasten u. Gebet. 9-11 : Haus u. Tisch des Heiligen u. die Armen. 12-18. Sein Unterweisen durch Wort u. Beispiel für die Nahen u. Fernen. 19-21 : Seine Ausdauer bis ins Alter. 22-23 : Sein Wachen u. Beten in der Nacht. Die Mönche gleichen hierin den Seraphim. 24-25 : Fasten u. Enthaltsamkeit vom Wein fesseln u. kreuzigen die Begierden. 26-27 : Persönlicher Schluß im Stile Ephräms.

[1] Die Bußtränen werden hier offen eine (zweite) Taufe genannt. Ephr. erwähnt die Ähnlichkeit der Buße mit der Taufe in *CNis* 1, 5 u. *Virg.* 46, 10 u. 12. Vgl. ferner *Sermones* I, 6, 178.

[2] Vgl. *Virg.* 46, 21.

[3] Oder « der Kirche »; vgl. *HdF*, 15, 7 u. 9. Oder ganz allgemein « ein und desselben Körpers »; vgl. *CH*, 45, 7.

9 Dein Haus hatte nur eine Tür * und bestand doch zugleich ganz aus Türen. * Denn von allen Seiten her nahm es auf. * Jedem Hungrigen, der von außen rief, * antwortete von drinnen Sättigung.

10 Dein Tisch glich einer Quelle, * die niemals ihren Trank vorenthielt * den Dürstenden, die zu ihr kamen. * Weil dein Tisch aud Erden (für die Hungrigen) aufgestellt war, * siehe (deswegen) ist [1] dein Tisch im Himmel!

11 Der Tisch des Abraham * gab nicht so, wie er erhielt. * Denn er gab sichtbare Speise * und er erhielt unsichtbare Verheißung [2]. * Er schenkte Zeitliches und erhielt Ewiges.

12 In der Ferne belehrte dein Ruf, * in der Nähe dein Tun. * In der Ferne und in der Nähe warst du * ein Spiegel für den, der sich schmücken (wollte). * Dein Ruf sammelte Schätze.

13 Den Fernen half dein Ruf, * den Nahen deine Tat. * Den Einfältigen half deine Zurechtweisung, * den Vollkommenen deine Lehre, und dem, der strauchelte, deine Stütze.

14 Dem Müden half dein Lob, * dem Untätigen dein Drohen. * Die Liebe verbargst du in Weisheit [3]. * Und während Tadel auf deinen Lippen war, * war im Innern Frieden (und nur) im Äußern das Drohen.

15 Denn das Drohen gleicht der Rute. * Und wenn ihr Schatten nicht fällt * auf den Trägen und auf den Verwegenen, * beschleunigt der Träge nicht seinen Lauf * und der Verwegenen hemmt nicht seine Heftigkeit.

16 Beispiele stelltest du überall auf, * damit, wer sie sah, sie nachahme. * Über den, der es tat, freutest du dich. * Dem, der es nicht tat, zürntest du * und du betetest, daß er es tue.

17 Der Apostel, der allen alles wurde [4], * lehrte dich, allen alles zu werden. * Bei den Starken wuchs dein Maß, * bei den Kleinen wurde es klein. * Du wurdest klein mit ihm, damit er mit dir wachse.

18 Ein (Tränen)strom aus deinen Augen, * ein züchtiges Lächeln deines Mundes, * aus beiden Schätzen brachtest du hervor * für den gut(ge-

[1] Im Syr. reiner Nominalsatz ohne Kopula. Daher bleibt seine Zeitlage unbestimmt. Dadurch wird die Aussage für eine Bestimmung der eschatologischen Auffassung unbrauchbar.

[2] Syr. *puqdânâ*. Sachlich ist damit zweifellos die Verheißung von *Gen.*, XVIII, 10 gemeint (Sara wird einen Sohn haben). Das *puqdânâ* (gnadenvolle Heimsuchung) ist dabei wohl mit dem entsprechenden Verb in der gleichen Situation von 1 *Reg.*, II, 21 zu erklären: *w-Mâryâ pqad l-Ḥannâ w-beṭnat.*

[3] Vgl. ausführlicher *de eccl.* 28, 11.

[4] 1 *Cor.*, IX, 22: Peš: *l- kulnâš*, hier: *ʿam kulnâš.*

sinnten) Irrenden Heiterkeit, * für den tadelnswerten [1] Guten Düsterkeit.

19 In beiden Welten (singt man) dein Lob. * Denn von der Jugend bis zum Greisenalter * steigerte sich dein Lauf. * Der Lauf des Greises war voll Kraft; * denn die Liebe zum (Sieges)kranz stachelte ihn an.

20 Seine Schwachheit wurde stark, * sein Alter wurde jugendlich; * denn er sah den Kranz und verjüngte sich. * Deswegen hat er (die Mühe) des Laufs nicht gefühlt, * weil er nur den Kranz sah.

21 Die Mühe des Weges sehen nicht * die Kaufleute im Blick auf den Gewinn. * Den Schmerz des Kampfes sehen nicht * die Athleten im Blick auf den Kranz. * Sie sehen alles umgekehrt.

22 Anstatt wie die Ehebrecher und Trinker * zusammen mit den Dämonen zu wachen [2], * warst du, o Greis, ein Seraph. * Du heiligtest dich, um « heilig » zu singen, * um Hausgenosse der Engel zu sein.

23 Märtyrer und Heilige * sind ein Abbild der Seraphim. * Die Mönchssiedlungen in der Nacht * und die Seraphim aus Feuer und Geist * singen « heilig » [3] auf Erden und im Himmel.

24 Deine Jugend schnitt heraus * mit der Schärfe des Fastens aus deinem Körper * alle Streifen für Fesseln * der Begierden in deinem Körper. * Dein Körper wurde für sie ein Kerker.

25 Du, o Greis, entzogst * den Wein deinem Körper. * Und indem so (dein Körper) vertrocknete, * heftete er die Begierde in den Gliedern ans Kreuz, * sie, die die Vielen ans Kreuz heftet.

26 Meine Leier hat den Lobgesang auf dich beendet. * Doch du zwangst mich (noch), von dir zu erflehen, * daß du mein Fürbitter [4] seiest * am Tag, da die Bücher geöffnet werden [5] * und die Wehen die Sünder befallen [6].

[1] Abschwächende Übersetzung des syr. *sanyâ* häßlich, sündig. Das Oxymoron entspricht dem « guten Irrenden » im Vorangehenden u. hat wohl die Bedeutung « für den Guten, wenn er sündigt» LAMY trennt die beiden letzten Glieder vom Vorangehenden u. macht daraus zwei selbständige Sätze : erranti grata (?) est hilaritas ,bono displicet maestitia, was mir sprachlich sehr gewagt u. inhaltlich unmöglich zu sein scheint.

[2] Vgl. *Nat.*, 1, 69.

[3] Zu diesem *qaddeš* der Seraphim vgl. *HdF*, 3, 11 u. 4, 17. Vgl. ferner *Parad.* 13, 16.

[4] Syr. *ba'âyâ.* Das zugrunde liegende Verb findet sich im gleichen Zusammenhang der Fürbitte beim letzten Gericht in *Parad.* 7, 25 u. in *CNis* ,14, 25.

[5] Ebenso *Sermones* 1, 2, 585 u. 3, 39.

[6] Eigentlich « schlagen » syr. *mḥâ*, wie in *CNis* ,14, 11 u. 37, 2.

27 Und wenn dem, der einen Becher Wasser [1] * einem der Jünger [2] zu trinken gibt, * unter Eid [3] der Lohn versprochen ist, * so bitte, daß der Dank nicht vorenthalten bleibe dem Schwachen, * der deinen Wein deinen Söhnen zu trinken gab!

Ende des vierten (Hymnus) auf Abrâhâm Qīdūnâyâ

V

Der fünfte (Hymnus) nach der gleichen Melodie

1 Siehe, mein Herr, wir liegen in einem Kampf * zwischen unseren Leiden und deinen Siegen. * Denn wenn unser Leid uns betrübt, * erfreut uns hinwieder dein Sieg. * Dein Name [4] hat unsere Leiden besiegt.

Responsorium: Gepriesen sei der Gütige, der deinem Ende den Kranz verlieh!

2 Der Tod ist (das Los) eines jeden Menschen; * vom guten Namen [4] gilt nicht das gleiche. * Jedem wird vergolten werden; * daß aber einer (aus dem Leben) weggeht mit Vorräten [5], * das findet sich nur bei wenigen.

3 Es starb der Reiche und Lazarus [6]. * Ihr Tod war völlig gleich. * Doch war er (auch wieder) ganz verschieden. * Der Reiche trug seine Schulden (mit sich), * der Arme seine Vorräte.

4 Der Reiche legte sein üppiges Leben ab, * der Arme seine Qualen. * Sie legten das Zeitliche ab und kleideten sich ins Ewige. * Dein Leib legte die zeitlichen Mühen ab * und kleidete sich in die unvergängliche Herrlichkeit [7].

[1] Syr. *kâsâ d-mayâ* In der zugrunde liegenden Stelle, *Matth.*, X, 42, hat VS *kâsâ d-mayâ* (*qarīrē*), Peš dagegen nur: *kâsâ d-qarīrē*.

[2] Eine Zusammenziehung aus: *l-ḥad men hâlēn ...ba-šmâ d-talmīdâ* (VS: *d-talmīdūtâ*).

[3] Die Hs hat die Pluralpunkte. Gemeint ist offenbar das: *amīn amīn*, wo VS nur ein *amīn* hat. Das Zitat findet sich auch in *Virg.* 46, 16 im Zusammenhang der sündentilgenden Wirkung der Bußwerke. An unserer Stelle schränkt es dadurch die Fürbitte ein.

V. Str. 1-2: Der Heilige starb im Besitz des guten Namens u. der Vorräte (Verdienste). 3-6: Das Beispiel des Reichen u. des Lazarus. 7-12: Der rechte Gebrauch des Irdischen wie Sprache, Körper Reichtum, für das Jenseits. 13: Der Heilige u. Simon Petrus. 14: Das Gebet des Heiligen. 15-21: Die guten Werke treten bei der Auferstehung am Körper zu Tage als das Kleid der Herrlichkeit, wie Blüten an einem Baum. 22-26: Gott u. die guten Werke, Empfänger u. Geber. 27-32: Der übergroße Reichtum des Heiligen u. der Verfasser, der nach seinen schwachen Kräften ihn zu rühmen sucht u. dafür um die Tilgung seines Schuldbriefes beim Gericht bittet.

[4] Hier gleich Ruf; vgl. *Prov.*, XXII, 1.

[5] Reisekost, syr. *zwâdâ*, die guten Werke. Sehr häufig bei Ephr., vgl. *Parad.* 14, 1 u. *CH*, 20, 2 (mit Anmerkungen); ferner *Sermones* I, 1, 155.

[6] Vgl. *Luc.*, XVI, 22.

[7] Vgl. *Sermones* I, 3, 153 ff. mit dem gleichen Beispiel des Reichen u. des Lazarus.

5 Um den Preis von Freuden einer Stunde * erwirbt man sich ein ewiges Wehe. * Um den Preis zeitlicher Qual erkaufte sich * der Greis ewiges Leben. * Mit einem Nichts erwarb er sich alles [1].

6 Womit sich erwerben * die Toren ewige Schmach, * damit erwarb er sich einen ewigen Namen [2]. * Weil sein Leben für die Sünde tot war, * (deshalb) lebt sein Tod für Gott.

7 Die Geschöpfe können * den Guten zum Guten gehorchen, * und mit den Bösen zum Bösen verkehren. * Einer tilgt durch sie die Schulden, * ein andrer vermehrt durch sie die Sünden

8 Die Sprache ist ein Kapital für jeden Mund, * Mit ihm erhandelt sich der eine Schaden, * ein andrer Reichtum. * Mit ihm erhandelt sich der Mund der Guten * dauernden und leichten Gewinn.

9 Mit Worten leugnete das Volk und ging (so) verloren. * Durch Worte fanden das Leben die Völker, die (Christus) bekannten. * Wegen Worte starben Kore und Dathan [3]. * Wegen ihres Wortes wurde die Schlange verflucht. * Durch ein Wort fand der Schächer das Leben. [4]

10 Mit einem einzigen Satz will ich dich belehren :* Alles, was dem Sünder * Schaden und Verlust bringt, * das wird für den Guten zum Kapital, * mit dem er Zinsen gewinnt.

11 Durch den Körper der Sünden [5] macht er sich gerecht [6]. * Durch den Mammon des Unrechts [7] gelangt er zur Herrschaft. * Durch die häßliche Welt schmückt er sich. * Auf dem tobenden Meer treibt er Handel. * Zum Hafen gelangt er durch den Tod.

12 Und die Sünder : durch ihr Leben * haben sie sich den Tod erhandelt. * Du (dagegen) gewannst das Leben durch das Leben * der du durch das vergängliche Leben * das ewige gefunden hast.

13 Du eifertest und ahmtest Simon nach, * dem sein Herr die Herde anvertraut hat, * Schafe und Lämmer [8]. * Deine Liebe weidete die Schafe, * deine Reinheit die Lämmer.

[1] Anders gewendet in *Sermones* I, 3, 154.

[2] Auch hier im Gegensatz zu Schmach nur Ruf, Ruhm. Eine Beziehung zu den nomina scripta in libro vitae (*Phil.*, IV, 3) scheint nicht gegeben zu sein.

[3] Vgl. *Num.*, XVI, 3.

[4] Vgl. *Luc.*, XXIII, 42.

[5] Syr. *pagrâ d-ḥawbē*, geht wohl zurück auf Rom., VI, 6 : *pagrâ da-ḥṭītâ*.

[6] Syr. *mezdaddaq*; in *CH*, 17, 4, 9 sind die « Körper » selber Subjekt : *pagrē ezdaddaq(ū)* !

[7] Der Ausdruck von *Luc.*, XVI, 9.

[8] Syr. drei Ausdrücke : *ʿerbē, emrē* u. *parâtâ* d.h. Schafe, Bocklämmer u. Schaflämmer. Drei Ausdrücke hat auch Peš (*emrē, ʿerbē, u. nqawâtâ*) u. VS (*emrē, nqawâtâ u. ʿerbē*) in Jo., XXI, 15-17, doch wie man sieht, mit *nqawâtâ* statt des *parâtâ* unseres Textes.

14 Dein Gebet (war) ein Schiff : es spaltete * zu jeder Zeit das Meer der Luft. * So stieg es empor und deine Schätze * brachte es hinauf und hinterlegte sie im Himmel, * an dem Ort, der über jeder Furcht liegt [1].

15 Bei dem Gerechten hinterlegtest du deinen Schatz, * bei jenem, der auferwecken und (dabei) sprechen wird : * « O ihr, denen der Tod (in der Scheol) zu Unrecht (den Lohn) vorenthielt, * kommt, nehmt eure Pfänder! [2] * Tretet ein und werdet gelobt unter den Engeln!

16 Denn die Himmlischen werden loben * die Weisheit der Irdischen, * die ihre Kleider [3] im Körper verbargen, * damit, wenn die Stimme der Auferweckung kommt, * sie nicht nackt auferstehen werden.

17 Die Körper werden bei der Erweckung auferstehen * und außen das Kleid ihrer Werke anlegen, * ihre Zierden und Makel. * Wie Blüten (werden) die Guten und die Bösen (sein) * die zugleich ihre ......[4] anlegen.

18 Im Nu [5] werden geöffnet werden * durch die Stimme deines Herrn wie durch einen Schlüssel * die Schätze, die in dir verborgen sind, mein Herr, * und hervorkommen wird aus deinem Schatz * das Kleid der Herrlichkeit für das Hochzeitsmahl.

19 Zu der Zeit, da voll Scham auftreten wird, * wer das hochzeitliche Gewand [6] * nicht für das Hochzeitsmahl bereitet hat, * wird dein Herz stolz sein auf dein Kleid, * wenn das Weiß deines Gewandes erstrahlt.

20 Der Schmuck in deinen Gliedern * wird auf ihnen enthüllt werden, * in dem er in Menge hervortritt wie Blüten. [7] * Und aus dir, dem Greis, wird hervorquellen * die süße Schönheit, die nicht verwelkt.

21 An dem Tag, da dein Herr aufbrechen wird * und die Körper auf den Wolken [8] fliegen werden * aus den Gräbern, dem Nest des Todes, * zum

[1] Zu dem auffälligen Bild vgl. bereits Hym. 1, 10. Bei Ephr. ist in *HdF*, 80, 8 der Glaube das Schiff, in das der menschliche Geist seine Schätze sammelt. Vgl. ferner *HdF*, 86, 2 u. *SdF*, 4, 72 ff.

[2] Das gleiche Wort wie in *CNis* , 74, 1, ein Hinweis darauf, daß hier ephrämische Eschatologie vorhanden ist.

[3] Dieses unsichtbare Kleid, das bei der Auferstehung nach außen tritt u. zum Kleid der Herrlichkeit wird u. wie Blüten hervortritt (nach dem Bildwechsel der nächsten Strophe), sind die guten Werke. Beide Bilder sind ephrämisch; vgl. *de eccl.* 1, b-e (Appendix).

[4] Die Hs hat *šufrayhōn* « ihre Schönheiten », was nur mit *ṭâbē* u. nicht auch mit *bīšē* verbunden werden könnte. Man würde einen neutralen Ausdruck erwarten, etwa *naḥtayhōn* « ihre Kleider », nach Str. 19

[5] Syr. *ḥarīfâ'īt*, das Wort der Peš in 1 *Cor.*, xv, 52.

[6] Syr. *naḥtē d- meštūtâ*; Peš u. VS in *Matth.*, XXII, 11 : *lbūšē d-meštūtâ* ;

[7] *de eccl.* 1, d-e (Appendix) führt das Bild aus.

[8] Der Ausdruck der Peš in 1 *Thess.*, iv, 16.

Brautgemach des Lebens und der Freuden [1], * wird dich emporfliegen lassen der Flügel des Geistes. [2]

22 Es blühten zugleich deine Siege: * Wachen schmückte dein Fasten * und Gebete dein Almosen; * und mit dem Besuch der Kranken * eilte die Unterweisung der Gesunden.

23 Es macht der Allerhöchste seine Zier arm, * damit ihn die Armen schmücken (können) [3], * damit, wenn der gute (Mensch) sich schmückt, * er (den Schmuck) von (Gottes) Glanz borge, * wie (Gott) dem Moses seine Herrlichkeit lieh.

24 Es schmückt ihn das Lob unseres Mundes, * es ehren ihn unsere Gebete. * Er aber nimmt sie * und setzt sie ein in seine Wahrheit [4], * damit sie die Kraft gewinnen, uns zu schmücken.

25 Denn jeder Schmuck, der in seine Schönheit * nicht eingesetzt wird, ist häßlich. * Es beten und fasten die Leugner, * und doch ist ihr Schmuck häßlich. * Denn ihre Schönheiten sind ihm fremd.

26 Du hast alle deine Zierden: * Fasten, Wachen, Almosen, * in seine Wahrheit eingesetzt, * wie Moses seinen Schmuck * in jenen Glanz, der sein Antlitz strahlend machte.

27 Siehe es quellen in mir hervor deine Siege, * und der Mund, der sie vorbringt, findet kein Ende. * Die Zunge ist wie eine Mutterbrust, * die den Mund des Ohres tränkt. * Und wenn sie überreich quillt, erstickt sie das Ohr.

28 Verächtliches Wasser, mein Herr, * wurde gegossen * in die Krüge und es wurde zu Wein [5]. * Auch meine schwachen Worte * mögen im Ohr wie in einem Krug * wachsen zum Lob deines Athleten!

[1] Der Ausdruck *gnōn ḥadwâtâ* findet sich in *Sermones* IV, 2, 66 u. 295. Vgl. Anm. zu 295.

[2] Syr. *geppâ d-rūḥâ*. Der gleiche Ausdruck in *HdF* ,2, 5, wo aber *d-rūḥâ* deutlich nur den Sinn « geistige » (Flügel) hat. Hier dagegen scheint *rūḥâ* persönlich gefaßt zu sein.

[3] Nach dem Anfang der nächsten Str. schmücken wir Gott mit unseren guten Werken. Das ist nur möglich, wenn Gott sich « arm macht », sich als dessen bedürftig hinstellt. Die anschließenden « damit » -Sätze antizipieren den anderen Gedanken : unser Schmuck (unsere Verdienste) stammen ihrer Wurzel nach wieder aus Gott. Es ist jene Antinomie, die Ephr. unter der Verwendung des Bildes von Kapital u. Zinsen (des Entleihens u. Verleihens) zum Ausdruck bringt. Vgl. *de eccl.* 30, 2 ff., wo zu Beginn das Beispiel steht : Anna schenkt Gott ihr Kind, das zuvor Gott ihr geschenkt hat. Dabei wird das Annehmen von seiten Gottes zu einem Entleihen. Denn Gott hat « in seiner Güte (die Menschen) gebeten », (ihm ihre guten Werke zu geben) man kann auch übersetzen : vom Menschen eine Anleihe gemacht, so daß es von Gott heißen kann : « Aus dem, was dir gehört, läßt du dir borgen » (*de eccl.* 30, 7).

[4] Voraussetzung dafür ist, wie die nächste Strophe zeigt der (wahre) Glaube. dazu *HdF*, 80, 7.

[5] Vgl. die viel schönere Verwendung des gleichen Wunders von *Jo.*, II, 1 ff. *HdF*, 14, 1 ff. Auch schon das vorangehende Bild in Str. 27 war übersteigert.

29 O über den, der die Blumen im Nisan sprießen läßt! * Mit ihnen mögen die Sieger bekränzt werden: * der Sommer, der den Winter, * die Sättigung die den Hunger, * das Licht, das die Finsternis besiegt hat!
30 Die Flur meiner Armut * gab beredte Blüten, * um deinen Athleten zu bekränzen. * Ich flocht ihm Worte des Lobes * jenem, der dir seine Siege flocht.
31 Ich flocht (den Kranz) für seinen Lauf, der ans Ziel gelangte, * für seine Tüchtigkeit, die Reichtum gewann, * für sein Fasten, das siegreich war, * für sein Wachen, das erstrahlte.
32 Wer dem König einen Kranz reicht, * erhält ein königliches Geschenk. * Mich mein Herr, möge deine Vergeltung nicht erfassen! * Zerreiß deinem Knecht den Schuldbrief, * weil er den Kranz für deinen Diener flocht!

Ende des fünften (Hymnus) auf Abrâhâm Qīdūnâyâ

VI

Der sechste (Hymnus) nach der Melodie:
Der Geist sprach durch David [1]

1 Wenn ich (von dir) sprechen würde, um (dich ganz) zu erfassen, * wäre es viel besser, zu schweigen. * Denn von dir bin ich weit entfernt. * Und hätte ich aus (dieser) Einsicht (heraus) geschwiegen, * dann hätte ich dich, o Großer, nicht erhoben. * Ich hätte (dir) ein großes Unrecht zugefügt, * obwohl ich selber durch die Einsicht gewachsen wäre.
Responsorium: Lob sei dem, der an sich selber die Siege seiner Vollkommenheit dargestellt hat!
2 Bete (für mich), mein Herr, daß ich dich fassen kann! [2] * Denn ohne deine Fürbitte * bin ich zu klein, um von dir zu erzählen. * Wer könnte

VI. Str. 1: Das Dilemma des Verfassers: sprechen oder schweigen. 2: Er bittet den Heiligen um Hilfe durch seine Fürbitte. 3-5: Die Gnade, die die Heiligen erflehen, gleicht der Gnade Gottes. 6-12: Noch einmal das Versagen des Verfassers. Das (Fürbitt)gebet des Heiligen verleiht Gnade wie sein gütiger Herr. 13: Selbst wenn der Heilige seine Hilfe versagen sollte, beim letzten Gericht wird er den Verfasser belohnen.

[1] Diese Melodie erscheint hier zum erstenmal, die Strophe besteht aus sieben Gliedern zu je sieben Silben. Hym. VI steht mit ihr isoliert zwischen den Gruppen gleicher Melodie I-V u. VII-XV.

[2] Diese Fürbitte des verstorbenen Heiligen für den lebenden Verfasser ist neu gegenüber Hym. I-V Vgl. Anm. zu Hym. VII, 15 f.

deinen Sieg darstellen * ohne den Finger [1] deines Gebetes! * Deine Fürbitte sei in mir eine Quelle, * und ich will von dir erzählen so wie ich es vermag.

3 Im Licht sehen wir das Licht [2] * und die Sonne in ihren Strahlen [3], * und den Mond in seinem Schimmer. * Durch die Gabe [4], die von ihnen kommt * kann der Sehende sie schauenn. * Im unsichtbaren Strahl deiner Hilfe * kann mein Geist dich sehen.

4 Wenn schon bei einer Lampe im Dunkel [5] * ohne ihren schwachen Schein * niemand ihren Glanz sehen kann, * dann ist es nur durch die Strahlen deines Gebetes * für einen möglich, zu sehen die Schönheit * deines inneren Menschen [6], * die ganz eingetaucht ist in Gott.

5 Wer könnte Gott schauen * ohne das Licht seiner Güte! * (Nur) im Strahl seines Geschenkes * siehst du seine Verborgenheit. * Ihrem Herrn gleichen die Heiligen: * in den Strahlen ihrer Werke * sah sie die finstere Welt.

6 Ich ging aus, um Gleichnisse für dich zu nehmen. * Ich sah auf dich und irrte in dir [7]. * Denn dein Herr ist auf deinen Gliedern abgebildet, * und

[1] Ein sehr auffälliges Bild. Ephr. spricht in *HdF*, 17, 10 vom Finger Christi durch den Gott die Welt schuf. In *HdF*, 22, 1 ist der eine Finger der auf den beiden Leiern des Alten u. Neuen Testamentes gespielt hat, offenbar der H. Geist. In *HdF*, 37, 13 wird dem Finger des Künstlers, der die Götzenbilder schafft u. dem Finger des Häretikers, der seine Bücher schreibt, der Finger gegenübergestellt, der die Gesetzestafeln schrieb. In *HdF*, 51, 6 bittet Ephr., daß seine Zunge ein Schreibrohr sei « u. der Finger deiner Güte schreibe damit »! Und in *HdF*, 78, 8 ist wieder vom Finger des Sohnes die Rede, an dem alle Geschöpfe hängen, wozu *HdF*, 79, 13 gehört: der Vater ist Schöpfer « durch den Finger seines Geliebten. » Darüber hinaus kann Ephr. auch vom Finger des Menschen sprechen, der durch die Kraft Gottes Wunder wirkt. So in *CH*, 12,1 wo Moses mit unsichtbarem Finger, mit Beulen u. nicht mit Tinte, Ermahnungen auf die Körper der Ägypter schrieb, u. *CH*, 13, 10 wonach die Baalpriester nicht lösen können, was der Finger des Elias gebunden hatte. Von hier ist eine Verbindung zum « Finger des Gebets » d.h. zu der gottgegebenen Macht des Gebetes möglich. Aber auffällig bleibt das Bild trotzdem.

[2] Vgl. *Ps.*, XXXVI, 10.

[3] Viel tiefer verwertet in *HdF*, 27, 5 (nur unser Auge ist mir der Sonne verwandt u. nur dieser Sinn nimmt sie wahr, wie nur der Sohn den Vater) u. *HdF*, 73, 12 ff. (Sonne-Strahl-Auge: Vater-Sohn u. Inkarnation).

[4] Ohne das Bild in *SdF*, 2, 243: die Gabe des Gebers hat dich zum Geber geführt.

[5] Auch hier ist das Bild sehr gezwungen. Vgl. dagegen *HdF*, 48, 4 u. *Virg.* 5, 9.

[6] Syr. *barnâšâk gawwâyâ*; vgl. *Sermones* III, 2, 171 mit Anm. Auch hier *gawwâyâ* statt des *da-lgaw* der Peš in *Eph.*, III, 16 u. *Rom.*, VII, 22.

[7] Wie zu erwarten steht diese Wendung bei Ephr. von Gott u. seiner Erkenntnis; vgl. *HdF*, 11, 4 u. *SdF*, 1, 27. Auf den Menschen übertragen, wirkt sie fast lächerlich.

zu schwach sind meine Farben [1], * und zu hilflos meine Erklärungen. *
An dir selber sind treffend dargestellt * die Siege deiner Tapferkeit.
7 Weil mein Wort ganz schal ist, * kann die Erzählung von dir nicht
schmackhaft werden * ohne das Salz deiner Wahrheit [2], * und nicht kann
dein Kranz geschmückt werden * ohne die Blumen deines Kampfes. *
Dein Salz würze mein Wort, * damit es Aufnahme finde bei den Hörern.
8 Mag der Künstler auch noch so tüchtig sein, * er ist nicht fähig, aus
seiner Habe zu schaffen * das erhabene königliche Diadem [3]. * Der
König gibt aus seinem Schatz * die Edelsteine für seine Krone * Gib
mir insgeheim aus deinem Schatz, * daß ich offen damit dich schmücke!
9 Gib mir deinen Schlüssel durch dein Gebet, * damit ich gleichsam dein
Schatzmeister werde, * um deinen Reichtum an die Bedürftigen auszuleihen * Bei mir sind die Worte, bei dir die Taten, * Durch mein Wort
werde dein Schatz verteilt, * damit, ohne daß dein Reichtum abnimmt *
ich von seinen Zinsen lebe.
10 Du gleichst deinem milden Herr, * der zehn Talente gab [4], * Kapital
und Zinsen. * Gib mir als Gütiger einen Teil * von Kapital und Zinsen. *
Und wenn du das Kapital schonen willst, * dann schaue wenigstens nicht
auf die Zinsen!
11 Du gewinnst als Reicher * und der Hörer als Kaufmann, * und ich will
leben (können) als Makler [5]. * Die (das Getreide) Zumessenden [6], die
Joseph aufgestellt hatte, * lebten vom Messen, * und wer das Geld
des Königs zählt, * schwelgt in (diesem) Geld.
12 Ich zaudere; denn ich weiß: * die Gerechten hungern, * und die Verheißung macht sie nicht satt. * Und wie die Reichen (immer) danach gieren, *
vergängliches Geld zu erwerben, * so verlangen die Heiligen, * bleibenden
Reichtum zu gewinnen.
13 Auch wenn du mir nichts geben wolltest * mir, der ich wieder deinen
Weihrauch auflodern ließ, * dann wird mich dein Wohlgeruch nicht

[1] Auch hier ist wiederum das Bild ,das Ephr. auf die Gotteserkenntnis anwendet, auf einen Menschen übertragen; vgl. *HdF*, 5, 12 u. 33, 12 - 14.

[2] Syr. *melḥeh da- šrârâk*; vgl. auch hier dagegen *HdF*, 12, 1: *melḥâk da šrârâ* von Christus ausgesagt. Vgl. ferner *HdF*, 2, 3 u. *SdF*, 6, 245

[3] Syr. *tâgâ*; zu den dazu gehörigen Edelsteinen vgl. *HdF*, 16, 7 u. 82, 5.

[4] Vgl. *Matth.*, xxv, 20 f.

[5] Syr. *safsârâ*, gegen deren Unrechtigkeiten sich *Sermones* I, 2, 371 ff. wendet.

[6] Diese *kayyâlē* erscheinen als Angestellte des Joseph in den Sermones *de Josepho in Aegypto*, Lamy III, 447, 5 (*kayyâlē men kaylâ*), wo anschließend auch die Zählenden (*mannâyē*) genannt werden, die hier davon getrennt erscheinen.

unbelohnt lassen, * dessen Duft in mich drang. * Dein süßer Duft wird zudecken * den häßlichen Geruch meiner Wunden [1], * wenn der strahlende Bräutigam kommen wird.

Ende des sechsten (Hymnus) auf Abrâhâm Qīdūnâyâ

VII

Der siebte (Hymnus) nach der Melodie :
O mein Herr, zu dir nehme ich meine Zuflucht

1 Brüder, ich zittre, * zu verkünden das Lob * des Mannes, dessen Ruhm * zu groß ist für meine Zunge.
Responsorium : Preis sei deinem Gott !
2 Wie soll ich flechten * den Kranz für den Athleten ? * Denn in dem Maß, wie er gesiegt hat, * bin ich besiegt.
3 Wie wird armselig werden * durch meine Kleinheit die Erzählung von ihm, * von jenem Kaufmann, * dessen Schätze erstrahlten !
4 Auch nicht in Gedanken [2] * kann ich ihn einholen. * Denn weit hat mich überholt * der Lauf seiner Siege.
5 Sein Silber siegte * unter den Kaufleuten, * und seine Früchte wurden überreich * unter den Bauern.
6 Er verließ die Felder, * die von Gestrüpp gereinigten, * und arbeitete auf einer Flur, * voll von Unkraut.
7 Es erröteten vor ihm * die undankbaren Steine. * Sie wurden weich und gaben * Früchte der Reinheit.

[1] Auch hier eine Herabsetzung des Bildes, wenn man zum Vergleich *SdF*, 6, 5 f. heranzieht (unser Gestank u. der Wohlgeruch Christi). Vgl. auch *HdF*, 86, 12.

VII. Erster Hym. der Gruppe mit gleicher Melodie u. darüber hinaus akrostichisch zusammengeschlossen : die Strophen sind alphabetisch geordnet. Die des ersten (VII) beginnen alle mit Alaf. Str. 1 - 4 : Wiederum : der Verfasser verzagt vor der Größe seiner Aufgabe, den Heiligen gebührend zu rühmen. 5 - 7 : Der Heilige arbeitete auf steinigem Feld (unter Heiden oder Häretikern). 8 - 14 : Fortsetzung des einleitenden Gedankens : das Schwanken des Verfassers vor der Größe seiner Aufgabe. 15 - 17 : Er wagt es trotzdem im Vertrauen auf die helfende Fürbitte des Heiligen. 18 - 27 : Beispiele für die Möglichkeit einer solchen Hilfe : das Gegenbeispiel der Beeinflussung durch den Bösen (18), des Schlangenbeschwörers (22 - 24); das Beispiel der Macht des Weines, der Einwirkung des Erziehers (19 - 21), der Wirkung des Regens u. des hl. Geistes in den Propheten.

[2] Syr. *ḥuššâbâ*; bei Ephr. versagt es in der Erforschung Gottes wie z. B. in *HdF*, 4, 12 !

8 Wie soll ich sprechen, * was zu schwer [1] ist für mich? * Wie soll ich aber aufgeben, * was mir nützt?
9 Ich will sprechen, wie es ihm gebührt. * Sein Reichtum erschreckt mich. * Ich will mich wegwenden von seinem Schatz. * Die Liebe [2] zu ihm zieht mich an.
10 Zu schweigen wie ein Kind : * meine Einsicht erschreckt mich. * (Ihm) gewachsen zu sein wie ein Großer : meine Erfahrung klagt mich an.
11 So stand ich, meine Brüder, * zwischen beiden Dingen : [3] zu sprechen, früchte ich mich, * zu schweigen, davor bange ich.
12 Denn es ist, als ob etwas * meine Zunge ihm schulde, * und ich fürchte mich, vorzuenthalten die geschuldete * Rede auf seine Siege.
13 Denn man schuldet * dies den Guten, * daß wir ihrer Taten in Worten gedenken * unter uns, zu jeder Stunde.
14 Ich will die Furcht verachten * und sagen, was sich gebührt. * Denn sehr zu fürchten ist auch, * Geschuldetes nicht zu entrichten.
15 Ich will (die Rüstung) seiner Hilfen anlegen * und so von seinen Taten sprechen. * Und seine Fürbitte [4] * hilft mir Schwachem.
16 Ich will befruchten meinen Geist, * den unzulänglichen und schwachen. * Sein Gebet [4] sei in mir * die Quelle des Lobes.
17 Möge ich seine Hilfe erhalten * und so von seinem Sieg sprechen! * Sein Gebet sei uns * der Finger für unsere Harfe [5]!

[1] Syr. *qšē*, wie in *SdF*, 5, 170, wo die *mabbūʿē da-qšēn meneh* die vorangehenden Probleme der Schöpfung u. Gottes sind!

[2] Die Liebe treibt Ephr. an, von Gott zu sprechen trotz der Erkenntnis seiner Unfähigkeit. Vgl. *de eccl.* 9, 1 ff.

[3] Vgl. *de eccl.* 9, 2.

[4] Hier ist wie bereits oben in Hym. 6, 2 klar von der helfenden Fürbitte des verstorbenen Heiligen für den lebenden Dichter (Schüler) die Rede. Innerhalb der ephrämischen Eschatologie stellt das ein schwieriges Problem dar. Vgl. meinen Kommentar zu *Parad.* 8, 7 - 11 in *Studia Anselmiana* XXVI (Roma 1951), S. 87 ff. In *CNis* 43, 11 f. ist zunächst nur vom Gebet zu Märtyrern (u. Heiligen?) an ihren Gräbern die Rede, u. das was sie für die Betenden erflehen können, scheint auch hier eingeschränkt zu sein auf das Gericht. Wenn es dabei heißt : « Ihre Waffe ist das Schweigen. Schweigend überreden sie den, der die Schweigenden hört », so kann das an den « schweigende Meister » von Str. 21 erinnern. Aber nach dem Zusammenhang ist damit nur das Nachwirken der Lehre des nun verstummten Meisters gemeint. Übrigens scheint sich der Verfasser selber der Kühnheit seiner Hoffnung auf die unmittelbare Hilfe durch den Heiligen bewußt gewesen zu sein. Denn er führt ja eine Reihe von Beispielen an, die die Möglichkeit zeigen sollen. Vgl. Vorwort, S. IX f.

[5] Zur Harfe vgl. *CNis*, 19, 8, wo Ephr. für seinen neuen Bischof Abraham (dem Nachfolger des Vologeses) betet : « Es möge der Quell seiner (des Vologeses) Worte aus dir sprudeln, auf daß du eine Harfe für den Geist seiest »! Der Finger ist in *HdF*, 22, 1 offenbar der hl. Geist, der eine Fin-

18 Denn wenn schon insgeheim * die Regung des Willems * des Bösen in uns sich regt [1], * um wie viel mehr die des Guten!

19 Wenn ferner reden (kann) * der Wein in denen, die ihn trinken [2], * wie sehr (vermag) dann das in uns * die Kraft deines Gebetes!

20 Und wenn der Wille * des klugen Meisters in den Jugendlichen spricht * zur Zeit der Unterweisung,

21 so wird auch in mir sprechen * die Rede der Unterweisung des schweigenden Meisters, * der alles tat, was er lehrte!

22 Und wenn die Beschwörungen, * jene sündhaften, * die die Schlange und den Skorpion * insgeheim erregen,

23 wenn also, (ist doch) Werkzeug * des Satans die Schlange, * die Macht der Beschwörungen * mit ihrem Eigentum Spott treibt [3],

24 dann wird auch in uns sich regen, mein Herr, * dein Gebet insgeheim, * und unsre Lippen werden flüstern * zu deinem Lob.

25 Wenn die Kraft * des Wassers insgeheim * stumme (Pflanzen) sich regen * und Kräuter sprießen läßt [4],

26 auch der Wind, mein Herr, * schafft Münder * dem ganzen Baum * und er sprießt und blüht.

27 Und auch die Propheten * haben Gottes Wort * zu Gott gesprochen. *Mit dem Seinen haben sie ihm gedient [5].

Ende des siebten(Hymnus)

ger, der die zwei Harfen der Propheten u. Apostel spielt. In *Virg.* 27, 4 f. schlägt der Finger der Kirche die Harfe des Moses, die des Erlösers u. die der Natur; die Kirche hat die Harfen auch Ephräm in die Hand gegeben.

[1] Zu dem Problem des Wirkens des Satans im Menschen vgl. *HdF*, 64, 4 f.; vgl. ferner *CNis*, 41, 6.

[2] Vgl. *Sermones* I, 1, 175 ff.

[3] Vgl. *CH*, 18, 9, wo die Tatsache der Beschwörung von Geistern u. Schlangen wie hier als Niederlage, die der Böse sich selbst zufügt, hingestellt wird.

[4] Man würde nach den vorangehenden Beispielen mit dem *âf* zu Beginn der nächsten Str. den Nachsatz erwarten. Aber Str. 26 u. 27 scheinen inhaltlich u. formal selbständig zu sein. Noch dazu bleibt für mich die Übersetzung von Str. 26 sehr dunkel u. unsicher.

[5] Zum Abschluß noch einmal die entwertende Gleichsetzung von Gottes Geist u. Prophet mit der Wirkung der Fürsprache des Heiligen im Verfasser

VIII

Der achte (Hymnus) nach der gleichen Melodie auf Abrâhâm Qīdūnâyâ

1 Im Schweigen wuchs heran * dein siegreicher Knecht. * Wie sehr ich ihn loben werde, * sein Sieg ist zu groß.

Responsorium : Gepriesen sei, der seinen Schatz mehrte!

2 Ich wundere mich über meine Zunge, * die zu sprechen wagte * und es vergaß, zum Schweigen zu bringen * ihre schwache Natur.

3 Den großen Schatz * nahm sie wahr und sie beeilte sich, * nicht zu loben * sondern zu gewinnen.

4 Dabei war es angebracht, * nicht nur an den Gewinn * zu denken sondern auch an die Schmach * dessen, der ohne Einsicht ist.

5 Wer Perlen prüft * ohne es zu verstehen, * zieht sich große Schande zu, * weil er (sie) nicht unterscheiden konnte.

6 Offenkundig ist auch die Beschämung, * die große, eines Laien, der die Leier schlägt, um erklingen zu lassen [1] * ihre Weisen.

7 Die Lehre [2] ist ein Schatz * der reich macht an Wissen, * und der Einsicht erzeugt, * mit Maß sich zu nähern [3].

8 Dein Knecht ist sichtbar und verborgen [4]. * Wer wäre ihm gewachsen? * Sichtbar, um zu helfen, * und verborgen, um (selber) Nutzen zu gewinnen.

9 Sichtbar sind seine Geheimnisse * und verborgen seine Almosen. * Denn nicht eitlem Prahlen * unterwarf er seine Freiheit.

10 Weil er erprobt hatte, daß bitter sei * das Joch des Stolzes, * hat er zu dem süßen Joch [5] * seines Herrn Zuflucht genommen.

VIII. Str. 1 - 5 beginnen mit *Bēt*, 6 - 8 mit *Gâmal*, 9/10 mit *Dâlad*, 11 mit *Hē*, 12/3 mit *Waw*, 14/5 mit *Zayn*, 16/7 mit *Ḥēt*, 19/20 mit *Yōd*, 21 - 31 mit *Kâf*. Inhalt : Str. 1 - 6 : Wieder das Wagnis des Verfassers, das ihn anlockt u. abschreckt. 7 - 21 : Ungeordnete Schilderung des Heiligen : Almosen im Verborgenen; das süße Joch des Herrn; er wog seine Worte; Wachen u. Fasten; keusch u. klug schon in der Jugend; Satan geängstigt u. voll Neid; äußerlich u. innerlich beherrscht; Gebet für sich u. andere; der Spiegel der Wahrheit ständig vor ihm. 22-31 Strenge u. kluge Milde des Heiligen.

[1] Syr. *da-npalleg*. Offenbar ist dabei die Bedeutung des *palleg* gegeben, das die Lesart des Sym. zu *Ps.*, LXXXI, 3 wiedergibt : *diadote tympanon* mit dem *diadidonai* im Sinn von : (einen Laut) ausbreiten. Vgl. *Thes* (einziger Beleg für diese Bedeutung).

[2] Dieser ephrämische Begriff (vgl. *SdF*, 5, 171 ff.) kommt hier ganz unvermittelt.

[3] Wörtlich wie *SdF*, 4, 5 f., wo die Wendung auf die Erkenntnis Gottes geht. Hier wird sie wieder entwertet u. auf die Erkenntnis des Heiligen bezogen.

[4] Der Satz ist sinnvoll auf Gott bezogen (wie in *HdF*, 2, 9; 4, 15; 5, 8; 19, 7; 51, 2 u.ö.). Auf den Heiligen angewandt wie hier, wirkt er fast lächerlich.

[5] Syr. *nīrâ basīmâ* wie Peš u. VS in *Matth.*, XI, 3 (zusammen mit *qalīl*). Vgl dagegen *Nat.* 8, 13 (*qalīl âf nīḥ*); doch in *CNis* 21, 17 : *nīreh qalīlâ ...šabṭeh basīmâ*.

11 So waren seine Worte * und so auch seine Taten. * Auf der Ferse seiner Lehre * folgte eilends sein Tun.
12 Und er hatte gleichsam ein Waage * aufgestellt für seine Worte [1]. * Denn er fürchtete, es könnte * seine Rede zu leicht wiegen.
13 Und statt dessen, daß ein andrer * sein Gold wog, * hat er zu jeder Zeit * seine Worte gewogen.
14 Gesät war in seinen Sinn * verständiges Wachen, * und vereint war mit seinem Gebet * einsichtiges Fasten.
15 Er säte in seine Jugend * die Kraft der Keuschheit [2], und er erwarb (schon) seinem Knabenalter * die Klugheit des Greisenalters [3].
16 Geängstigt war sein Feind * beim Anblick seines Sieges. * Es mehrte seine Qual, * er zürnte und war verbittert.
17 Sein Neid wurde für ihn (selbst) zur Last, * sein Zorn zur Qual. * Ganz geriet er inVerwirrung * beim Anblick seiner Sündenlosigkeit.
18 (Der Heilige) ordnete sein Äußeres * und hielt rein sein Inneres. * Ihn zu sehen * war ganz Gewinn.
19 Mehr als für sich * bat er (Gott) für uns, * und mehr als das eigne Leid * schmerzte ihn unser Leid.
20 Jesus kennt * das Leiden seines Athleten. * Kranz und Ruhm * hat er für ihn in Eden bereitet.
21 Kein Tag, an dem der Spiegel * der Wahrheit nicht vor ihm stand. * Seine Schönheit verbarg er, * seinen Makel zeigte er.
22 Er tadelte. Doch * den Splitter in seinem Auge [4] * sah er zuvor. * Und erst dann unterwies er.
23 Obwohl er heftig war * in seinem Zürnen, * war er doch ruhig in seiner Reinheit, * und sein Erbarmen war überreich.
24 Er konnte sehr wohl weh tun, * um ein Geschwür herauszuschneiden. * Er behandelte und heilte, * um die Gesundung zu steigern.
25 Er sah sehr wohl * den Makel an einem Menschen. * Doch ohne es ihn wissen zu lassen * wies er zurecht und belehrte er ihn.
26 Er schilderte ihm * die Schmach der Häßlichkeiten * an anderen. * In Klugheit belehrte er ihn.

[1] Syr. *taqqen massâta l-mellaw*; in der sachlich damit übereinstimmenden Stelle *Eccli.*, xxviii, 29 hat die Peš (Mossuler Ausgabe) : *l-melltâk ʿbed matqâlâ.*

[2] Syr. *nakpûtâ*, das gleiche Wort im gleichen Zusammenhang in *CNis*, 15, 6.

[3] Syr. *ṭaʿmâ d-saybûtâ*; der gleiche Ausdruck in dem gesteigerten Fall des Jesuskindes in den Armen Simeons in *CNis*, 35, 13.

[4] Syr. *gellâ da-b-ʿayneh*, wie Peš u. VS in *Matth.*, vii, 3 (*Luc.*, *VI*, 41).

27 Indem er den einen schlug, * wurde auch der andere getroffen. * Und indem er sich selber richtete, * schämte sich, wer gesündigt hatte.
28 Er peinigte sich, * und (auch) der andre (fühlte sich) gepeinigt. * Er seufzte, * und (auch) der andre (fühlte sich) gefoltert.
29 Indem er nicht bloßstellte * den Sünder, * (tat er das) [1], um ihn nicht zu erniedrigen * und ihn nicht noch mehr verächtlich zu machen.
30 Ohne zu schlagen * (konnte) er großen Schmerz bereiten. * Und den Sünder * tadelte er in Klugheit.
31 Indem er die Häßlichen * zu züchtigen willens war, * förderte er gar sehr * vor ihnen die Rechtschaffenen.

Ende des achten (Hymnus) auf Abrâhâm Qīdūnâyâ

IX

Der neunte (Hymnus) nach der gleichen Melodie

1 Meine Brüder, ich fürchte mich, * von seinen Siegen zu sprechen. Doch ebenso bange ich, * von seinen Taten zu schweigen [2].
Responsorium : Gepriesen sei, der seine Reichtümer groß werden ließ!
2 Denn es (kann) nicht ausgesagt werden * der Schatz seiner Listen [3], * noch auch verschwiegen werden * die Trefflichkeit seiner Einsichten.
3 Indem er erhob * die Schar der Fastenden, * lehrte er aneifernd * die Genußsüchtigen fasten.
4 Indem er demütigte * die Gierigen, * fügte der Fastende * ein Fasten zum andern.
5 Und indem er erhob * die Schenkenden, * verteilte seine Schätze * ein Habsüchtiger wie Zachäus [4].

[1] Nur durch eine derartige Ergänzung wäre die Strophe syntaktisch zu retten. Die inhaltlich völlig leeren Schlußstrophen fallen auch formal von den vorangehenden ab.

IX. Alle Str. beginnen mit *Kâf*, setzen also Hym. 8, 21 - 31 fort, mit Ausnahme von Str. 1 - 2, die aus dem alphab. Rahmen fallen. Str. 1 - 2 : Wiederholung des einleitenden Gedankens : Furcht des Verfassers vor seiner großen Aufgabe. 3 - 7; 9 - 10 : Das gewinnende Beispiel seines Fastens u. seiner Freigebigkeit. 8; 11 - 20: Sein ununterbrochenes Sichselberprüfen, Beten Fasten, Trauern (Job). 21 - 26 : Die Wirkung seines Anblicks auf Gott, den Geist, die Engel; auf den Glaubensstreit u. die Begierde.

[2] Wiederholung von Hym. 7, 11.

[3] Syr. *ṣen'âtâ*, hier in dem seltnen lobenden Sinn von Mitteln der Klugheit wie es in *HdF* 26, 15 von Gott ausgesagt wird.

[4] Vgl. *Luc.*, XIX, 8.

6 Indem er den einen erhob, * weckte er Eifer beim andern. * Und indem er den einen demütigte, * fürchtete sich der andre.

7 So leicht ist es also, * zu helfen, * so leicht, * Hilfe zu erlangen.

8 Alle Tage war die Gerechtigkeit * ihm vor (Augen) gestellt. * Mit sich selber ging er ins Gericht, * und dann (erst) tadelte er.

9 Wenn einer zufällig * bei ihm saß, * hatte er an ihm * ein schönes Vorbild.

10 Ohne ihn zu kennen, * erkannte er ihn aus seinen Früchten [1]. * Denn hilfreicher Duft * strömte von ihm aus.

11 Zu jeder Stunde hat er im Gebet * seine Seele ausgegossen [2]. * Und zu jeder Stunde hat sich weinend * sein Auge getrübt.

12 Alle Tage fastete er, * ein Fasten im andern * das eine ein Sichenthalten von Brot, * das andre von der Sünde [3].

13 Indem er sich entwöhnte * auf sichtbare und unsichtbare Weise, * war er entwöhnt des Fleisches * und des Zornes.

14 Zu jeder Stunde war er * mit Einsicht ein Trauernder (Mönch) [4], * in seinem Kleid * und in seinem Innern.

15 Er verleugnete in seinem Innern * die zwei bösen Dinge : * niemals machte er Gebrauch * von Scherz und Lachen.

16 Wie geschrieben steht, ging er * alle Tage düster einher [5], * wie wenn er gegenüber * Job sitzen würde [6].

17 Jeden Tag hat er gleich ihm * für die Armen gesorgt. * Und bevor er aß, * erhoben sich seine Seufzer.

18 So war sein Leib * ein Gerichtspalast, * und sein Herz * das Gesetz der Gerechtigkeit.

19 Zu jeder Stunde hielt er * seine Sinne von der Sünde zurück : *Mund und Herz, * Auge und Ohr.

20 Zu jeder Stunde schalt er * sich selber hart; * zu jeder Stunde lag er * im Gericht mit sich selber.

21 Da Satan sah, * daß er sich selber richte, * (gab) sein Feind beschämt (es auf), * sein Ankläger zu sein.

22 Wie der Allerhöchste sah, * daß er sich selber erniedrige, * wollte er ihn nicht erhöhen, * damit seine Demut wachse.

[1] Vgl. *Matth.*, VII, 16.

[2] Die Wendung von 1 *Reg.*, I, 15.

[3] Mit den gleichen Worten auch in *de ieiun.* App. 4, 3.

[4] Zu dem Terminus *abīlâ* bei Ephräm vgl. den Aufsatz : *Zur Terminologie des ältesten syrischen Mönchtums* in *Studia Anselmiana* XXXVIII, S. 262 ff.

[5] *Ps.*, XXXVIII, 6.

[6] Vgl. *Job*, II, 13.

23 Und beim Anblick * seiner Sündenlosigkeit nahm der Geist * Wohnung in seinem Tempel [1], * (der Geist), der die Heiligen liebt.
24 Und beim Anblick * des Wachenden, hatten die wachen (Engel), [2] * die das Wachen lieben, * Freude an seiner Stimme.
25 Und beim Anblick * seines wahren (Glaubens) ist dem Disputieren [3] * vor ihm vertrocknet * der Quell des Streites [3].
26 Und bei seinem Anblick * unterlag die Begierde. * Sie schämte sich des Schmutzes, * mit dem sie die Vielen besprengt hat [4].

Ende des neunten (Hymnus) auf Abrâhâm Qīdūnâyâ

X

Der zehnte (Hymnus) nach der gleichen Melodie

1 In den Schoß Abrahams * wird Abraham kommen [5]. * Denn er glich ihm in beiden Dingen : * im Namen und in den Werken [6].
Responsorium : Ehre sei seinem Gott !
2 Die Kirche, die er baute, * vollendete und krönte er. * Und wie eine königliche Braut [7] * verlobte er sie dem Königssohn.
3 Er mühte sich ab mit dem Heidentum [8], * indem er seine Kinder unterwies. * Und er pflückte von Dornen * Früchte der Keuschheit.
4 (Götzen) priester unterwies er * und machte ihre Kinder * zu Priestern, die an seiner Stelle * Gott als Priester dienten [9].

[1] Syr. *nawseh* und *šâryâ (hwât)*; in 1 Cor., VI, 19 : *hayklâ* u. *ʿâmrâ*.

[2] Syr. *ʿīrē* (vigilantes). Vgl. für Ephr. *Nat.* 1, 61; vgl auch *Jul. Sâbâ*, 9, 3.

[3] Syr. *drâšâ* u. *ḥeryânâ*, bei Ephr. Ausdrücke für den arianischen Streit.

[4] Zur Personifikation der Begierde (*regtâ*) in ganz ähnlichem Zusammenhang vgl. *Parad.* 14, 11.

X. Str. 1 - 14 beginnen mit *Lâmed*, 15 - 24 mit *Mīm*. Str. 1 : Abraham möge in den Schloß Abrahams kommen. 2 - 14 : Bekehrung der Heiden (Kidunas) nach langen Kämpfen u. Leiden. Bau der Kirche. Christliche Priester aus heidnischen Priestern. Bild des Sauerteigs (7), der Biene (12), des Frostes (13), der eingedämmten Quelle (14). 15 - 24 : Abrahams Vermählung u. Flucht.

[5] Syr. Imperfekt, daher auch die Übersetzung möglich : er möge kommen. Auf jeden Fall futurisch, in Übereinstimmung mit der ephr. Eschatologie.

[6] Vgl. die ähnliche Aussage über Bischof Abraham in *CNis*, 19, 1.

[7] Vgl. Vita (LAMY IV, 25, 14) : aedificavit ecclesiam eamque velut sponsam decoram ornavit.

[8] Syr. *ḥanpūtâ*, wie Vita LAMY IV, 24, 19, oder *ḥanpē*, 19, 23 u. ö.

[9] Syr. *kumrē* u. *kahhen*. Die Vita hat *qašīšē* auch der Zusammenhang ist anders. Nicht Abraham veranlaßt ihr Weihe u. Einsetzung, vielmehr kommt der Bischof u. Klerus, nachdem der Heilige wieder in die Einsamkeit zurückgeflüchtet ist, in das von ihm bekehrte Dorf : *wa-ʿbad menhōn qašīšē* (LAMY IV, 37, 17).

5 Sie hatten ihn verflucht und er (sie) gesegnet. * Sie hatten ihn gehaßt und er (sie) geliebt. * Sie waren seine Feinde gewesen und er ihr Freund. * Er hat ausgeharrt [1] und sie gewonnen.

6 Den Heiden hatte er sich geschenkt. * Er war nur einer allein [2] gewesen. * Aber er war langmütig * und besiegte so die Vielen.

7 Dem Sauerteig gleicht er. * Denn wenn ihn verschlingt * und besiegt die Teigmasse, * dann besiegt er sie.

8 Zuletzt, nachdem sie ihn kennen gelernt hatten * aus tausend Proben, * staunten sie über ihn, da sie merkten, * daß er ein Mann Gottes sei [3].

9 Denn diese Überzeugung hatten sie gewonnen, * daß er ihre Falschheit ertrug * und ihre Last schleppte, * um ihr Leben zu gewinnen.

10 Den Vater liebte er * und auch den Sohn, * und im Geist * betete er * durch den Sohn den Vater an [4].

11 Sie hatten sich abgemüht, ihn zu schlagen * und ihn zu peinigen war ihr Verlangen gewesen. * Das ist der Athlet, * der siegte, indem man ihn schlug.

12 Er machte die Erfahrung der Biene : * wenn diese gesiegt und gestochen hat, * dann ist sie besiegt. * Ihr Stachel ist ihr Tod.

13 Er machte die Erfahrung des Frostes : * wie sehr er auch schlägt * die Erde, er reinigt sie * und geht dann in ihr hinwieder zu Grunde.

14 Den lebendigen Quell * hielten die Ufer zurück. * Doch da sie wähnten, ihn ausgetrocknet zu haben, * wurden sie in seinen Wogen ertränkt.

15 (Schon) von Jugend an [5], * auf seinem Hochzeitslager [6], * erstrahlte in seinem Herzen * die Herrlichkeit des (Himmel)reiches [7].

16 (Schon) von Anfang an * war er am Ziel. * Sein Bräutigamsgewand * vertauschte er mit dem Bußkleid.

[1] Syr. *ḥamsen*, Vita : *msaybar* u. zwar drei Jahre lang (IV, 29, 11).

[2] Syr. *ḥad hwâ l-hōdaw*; vgl. Vita IV, 31, 10 : *hū balḥōdaw.*

[3] Syr. *gabrâ hū d-alâhâ*; vgl. Vita IV, 31, 12 : *ʿabda hū d-alâhâ* (*ḥayyâ*).

[4] Syr. *b-īdeh* (*da-Brâ*) *l-Abū*(*h*)*y b-Rūhâ sâged hwâ.*Vgl wie in dem echten Werk, *Sermones* I 1, 612 ff., in einer entsprechenden Formel, nämlich : *b-Rūḥ qudšâ sâged la-Brâ...beh* (*ba - Brâ*) *mawdē l-Abū*(*h*)*y* noch die aufsteigende Reihe Geist-Sohn-Vater der ephrämischen Theologie in Erscheinung tritt, während hier ganz klar Vater u. Sohn gleichgestellt werden, dadurch daß beide in gleicher Weise Objekt der Liebe des Heiligen sind, u. andererseits Sohn u. Geist auf gleicher Stufe stehen. Die Vita bringt ein Trinitätsbekenntnis in der Taufansprache des Heiligen, IV, 34ʻ 28 ff.: *alâhâ* (*ʿabōdâ*)*... w-ba-Breh īḥīdâyâ ḥayleh w-ḥekmeteh w-ṣebyâneh wa-b-rūḥ qudšâ maḥyânâ d-kul.*

[5] Syr. *menâh d-ṭalyūteh*; die gleiche Wendung im gleichen Zusammenhang in der Vita (IV, 13, 2 a.i.).

[6] Syr. *ʿarṣâ d-meštūtâ*; in der Vita *meštūtâ* allein in IV 15, 10 neben *gnōnâ* (15, 11).

[7] Vita : repente lux apparuit in mente eius cum revelatione dei (IV, 15, 12).

17 Wie gleicht doch der Reine * der Reinsten, * die sieben Tage [1] lang * zusammen mit dem Manne war!
18 Vom Beginn der Ehe an * verließ er seine Gattin. * Denn er nahm den (himmlischen) Kranz wahr * und stürzte sich in den Kampf (um ihn).
19 Vom Verkehr mit dem Weib [2] * hielt er sein Lager rein, * damit täglich ungetrübt bleibe * sein nächtliches Gebet.
20 Der Prüfung wegen * stieß ihm die Vermählung zu, * um die Probe geben (zu können), * wen er liebe.
21 Denn wessen Blick gerichtet ist * auf den himmlischen Glanz, * in dessen Augen ist verächtlich * irdische Schönheit.
22 Mehr als der Umgang, * der verächtliche, mit einer Menschentochter * gefiel ihm der Umgang, * der süße, mit dem Heiligen Geist.
23 Statt der Verbindung mit dem Weib [2], * diesem niedrigen (Geschöpf), * war mit dem Herrn der Herrlichkeit * seine Seele verbunden.
24 Von Beginn seines Kampfes an * fürchtete sich die Begierde [3], * weil sie die Probe gemacht hatte, * daß sein Kampf siegreich sei.

Ende des zehnten (Hymnus) auf Abrâhâm Qīdūnâyâ

XI

Der elfte (Hymnus) nach der gleichen Melodie

1 Den (Einsiedler) Abraham möge erquicken * der Platz Abrahams im (himmlischen) Gastmahl. * Denn er trug sein Kleid * und seinen Lebenswandel.

Responsorium : Gepriesen sei, der deinen Schmuck mehrte!

2 Er breche auf mit des Henoch * heiligem Flügel, * der nach seiner Vermählung * (Gott) gefiel [4] und erstrahlte und (empor) flog.

[1] In der Vita heißt es : et cum essent nuptiae, post dies septem, cum esset in thalamo cum sponsa (repente lux apparuit...).

[2] Syr. *elʿâ* d. h. die Rippe, eine auch Ephräm geläufige (*HdF*, 24, 4; *CH*, 8, 6 f. ; *CNis*, 48, 18 u. 75, 8) aus der Bibel (Gen., II, 21) stammende Bezeichnung für Weib.

[3] Syr. *regtâ*; vgl. oben Anm. zu Hym. 9, 26.

XI. Str. 1 - 13 beginnen mit *Nūn*, 14 - 23 mit *Sâmek*. Str. 1 : Der Einsiedler u. der Patriarch Abraham. 2 : Der Heilige u. Henoch. 3 - 7 : Der Heilige u. Joseph u. Moses. 8 - 11 : Der Heilige u. der greise David. 12 - 13 : Der Heilige u. Petrus u. Paulus. 14 : Nachtrag zu Joseph : das ungeschriebene Gesetz der Natur. Die zerbrochenen Tafeln u. das gesetzesstolze Volk. 21 - 23 : Schluß : unmöglich, alle Vergleiche zu bringen.

[4] Das Wort von *Gen.*, V, 22 (24) (*Hebr.*, XI, 5).

3 Er möge zusammen mit Joseph erben, * der erstrahlte und sich vermählte. * Auch (Abraham) erstrahlte (in Keuschheit), * nachdem er sich (in seiner Vermählung) als keusch erwiesen hatte.

4 Es wehte der Sturm * gegen Joseph, den siegreichen. * Er blieb fest * und ließ seinen Mantel zurück [1].

5 Laßt uns auf den Athleten schauen, * der im Gemach [2] siegte, * wo sich stark fühlt * sündhafte Schönheit [3].

6 Laßt uns sehen, was er ertrug, * da die Schönheit (mit ihm) kämpfte, * und die (Leidenschaft der) Liebe brannte, * und der Reine siegte !

7 Er möge erben zusammen mit Moses, * dem reinen, der gelegt hat * den Zaun der Keuschheit [4] * zwischen sich und Sephora.

8 Er möge zusammen mit David erben, * der die Sünde abwies. * Und weil er keusch blieb * auf seinem Lager [5], wurde er bekränzt.

9 Das Feuer, das von weitem (schon) * (mit) seinem Rauch blind macht, * im reinen Schoß [6] * Davids wurde es besiegt.

10 Es erbe der Selige, * der seine Jugend keusch hielt, * zusammen mit jenem König, * der als Greis siegte !

11 Die Vereinigung lockte, * die Liebe brannte, * die Schönheit strahlte, * doch David siegte.

12 Er erbe zusammen mit Simon ! * (Simons) Schwiegermutter [7], die erkrankt war, * bezeugte, daß ihr Schwiegersohn [8] * Schüler unseres Bräutigams [8] geworden war [9].

[1] Syr. *arpī marṭūṭeh*; Peš in *Gen.*, XXXIX, 12 (14, 15, 18) : *šabqeh lbâšeh.* Das *marṭūṭeh* findet sich auch in *de eccl.* 51, 1.

[2] Syr. *da-zkâ b-tawânâ*; im gleichen Zusammenhang steht in *CNis* 18, 7 : *zkâ b- qayṭônâ.*

[3] Syr. *šufrâ da-ḥṭītâ*; im gleichen Zusammenhang in *de eccl.* 51, 1 : *šufrâ d- paqrūtâ.*

[4] Hier *nakpūtâ.* Ephr. sagt an beiden Stellen mit der gleichen Interpretation von *Ex.*, IV, 24 - 26 in *Nat.* 14, 19 : (Moses trennte sich von seiner Gattin u.) Sephora *neṭrat qadīšūtâ*; ebenso *Pr. Ref.* II, 75, 35 ff. (Gott zwang Moses durch einen Engel, sein Weib zurückzuschicken) *danḥawwē da-kmâ gabyâ hwât leh qadīšūtâ.*

[5] Wie aus der folgenden Str. hervorgeht ist 3 *Reg.*, I, 4 (*w-la yad'âh*) gemeint.

[6] Das Wort von 3 *Reg.*, I, 2 (*w-teškab b-'ubbâk*).

[7] Syr. *ḥmâteh* wie in *Marc.*, I, 29 (*Luc.*, IV, 38 ; *Matth.*,VIII, 14).

[8] Im Syr. das gleiche Wort (*ḥatnâh - ḥatnan*).

[9] Syr. *ettalmad*, was man hier vielleicht enger fassen muß : er ist belehrt worden. Denn es erhebt sich die Frage : was soll diese Aussage hier ? Nach den übrigen Beispielen erwartet man ein Wort über Enthaltsamkeit und Keuschheit. Da ist es nun sehr auffällig, daß es in *Pr. Ref.* nach der oben zu Moses-Sephora zitierten Stelle II, 75, 35 ff. in Verbindung mit diesem Beispiel heißt daß Christus *l-Šem'ōn a(y)k hâde 'bad leh*, was nur mit der oben zitierten Liebe zur *qadīšūtâ* verbunden werden kann. Und da hinzugefügt wird : auch wenn er ihn nicht dazu zwang », so ist also damit wohl auf *Matth.*, XIX, 12 angespielt (qui potest capere capiat).

13 Er möge auch herrschen zusammen mit jenem * Apostel, der eiferte [1], * und die Enthaltsamkeit [2] aufpfropfte * auf die Zweige der Ehe.
14 Hoch wurde Joseph erhoben. * Denn da niemand ihn sah, * schämte er sich vor sich selber * und bewahrte seine Freiheit.
15 Er bezeugt, daß früher * und älter das Gesetz ist, * jenes (Gesetz) der Natur [3] * als das Gesetz der Schrift.
16 Er bezeugt, daß eingeschrieben ist * in die Tafel des (menschlichen) Geistes : [3] * « Alles, was du für dich hassest, * das tue nicht deinem Nächsten ! » [4] !
17 Sehr erniedrigt ist das Volk, * das sein Gesetz erhebt. * Um uns jetzt zu ärgern * haben sie darin gelesen, um uns zu reizen [5].
18 Sehr stolz sind sie * auf die Tafeln, die zerbrochen wurden. * Ihre Zerstörung tat kund, * daß sie (selber) bald zerstört würden [6].
19 Sehr groß ist Joseph. * (Seine) Jugend dürstete. * Doch er stahl nicht um zu trinken, * wegen seiner Gerechtigkeit.
20 Sehr groß ist jener, * der, obwohl die eigne Quelle bei ihm ist, * sich des eignen Besitzes enthält, * willentlich fastend [7].
21 (Zu) sehr ließ ich mich ziehen, * den Vergleichen nach (zugehen). * Und (mein) Vergleichen bleibt schwach * wegen meiner Schwachheit.
22 Zu klein ist mein Verstand, * um zu betrachten, zu mischen, * zu wägen, zu vergleichen * die Farben des (Himmel)reiches.

[1] Offenbar 2 *Cor.*, XI, 2.

[2] Syr. *qudšâ*. Vgl. zu diesem Begriff *CH*, 45, 10 mit Anm. u. die Anm. zu *qadīšūtâ* oben in Str. 7.

[3] In *CH*, 38, 10 - 12 ist nur von *kyânâ* u. dem (mosaischen) Gesetz die Rede. In *Pr. Ref.* II 128,2 heißt es schon : *nâmōsâ haw* (*qadmâyâ da-ktīb'al*) *lebban*. Für *lebbâ* steht hier in Str. 16 *tar'ītâ* (Geist). Ebenso in *de eccl.* 43, 3, wo die *lūḥē d-nâmōsâ* (die Gesetzestafeln des Moses) als späteres Gesetz den Erstlingsgesetzestafeln *d-tar'ītâ* gegenübergestellt werden In der Anm. dazu wurde bereits auf *Rom.*, II, 15 verwiesen (*nâmōsâ kad ktīb 'al lebhōn*).

[4] Die negative Form der goldenen Regel. Für sie kommt auf grund der Textform der Peš *Act.*, XV, 29 nicht in Frage sondern nur *Tob*,. IV, 16, dessen syr. Text (Peš Mossuler Ausgabe) sogar die Korrektur des Passivs der Hs (*snē*) in das vom Metrum geforderte Aktiv (*sânē*) nahe legt; denn hier heißt es : *w-haw mâ d-sânē* (*a*)*tt lâ l-nâš te'bed*. Mit der goldenen Regel in der positiven Form wurde das (natürliche) Gesetz auch in *Sermones* I, 3, 393 ff. gekennzeichnet : Dein Geist (*tar'ītâ*) ist deine (Gesetzes)tafel. Darauf sind alle Gesetze geschrieben, wie du dem andern tun sollst und er dir.

[5] Ähnlich *SdF*, 3, 339 ff.

[6] Vgl. *de eccl.* 44, 21 - 23.

[7] Offenbar auf die sieben Tage der Hochzeitsfeier Abrahams zu beziehen, als Steigerung gegenüber Joseph.

23 Der Nisan bezeugt es mir. * Denn immer (noch) versagte * das Auge und das Innere * vor den Farben seiner Blüten [1].

Ende des elften (Hymnus) auf Abrâhâm Qīdūnâyâ

XII

Der zwölfte (Hymnus) nach der gleichen Melodie

1 Helfet mit Gebet, * meine Brüder, mir Schwachem! * Es nehme die Liebe teil * an der Mühe und am Nutzen!

Responsorium : Mein Unvermögen ist erwiesen; denn die Worte waren nicht imstande, die Taten zu schildern... [2]

Responsorium :Gepriesen sei, der dein Ende erhob, o Seliger!

2 Es trat ein in den Wettkampf * mit seinen Taten meine Erzählung. * Und es siegte über mein Wort * die Macht seiner Werke.

3 Es nützt, daß ich ihm * unterliege als Schwacher, * Wenn sein Reichtum mich besiegt, * läßt er mich einen Schatz gewinnen.

4 Mit ihm hat der Feind, * der schlaue, gekämpft. * Und der Einfältige hat besiegt * die erpresserische Macht.

5 Klug war er, wie geschrieben steht, * und einfältig, wie (vom Herrn) gesagt wurde [3]. * Ein Ungebildeter, der in die Schule ging * bei der Weisheit aller Weisheit.

6 Er mühte sich, im Werk * ein Wissender zu sein. * Denn er sah den Disputierer [4], * dessen Lebenswandel töricht war.

7 Klug im Tun * zu sein, das war sein Bemühen. * Denn er sah Weise, * die in Werken töricht waren.

[1] Zur Blütenpracht des Frühlingsmonats vgl. *de eccl.* 51, 4; *de crucif.* 7, 1 f.; *de resurr.* 3, 1 u. 13; 4, 1 u. 4.

XII. Str. 1 - 10 beginnen mit *'Ē*, 11 - 22 mit *Pē*. Str. 1 - 3 : Wieder die Formel : ich bin der Augfabe nicht gewachsen. Str. 4 - 11 : Die wahre Lebensklugheit des Heiligen. 12 : Die Schrift als Norm seiner Lehre. 13 - 22 : Ungeordnete Aufzählung der Verdienste des Heiligen; darunter sein Umherwandern um Rat zu geben (17) u. eine formelhafte Aufzählung guter Werke in 19.

[2] Das abschließende : *da-zkân(ī)* hat nur Sinn, wenn man es vom Vorangehenden trennt u. als Subjekt « der Heilige » (hat mich besiegt) ergänzt. Daß zwei Responsorien gegeben werden, ist gegen die Regel. Ebenso auffällig ist, daß das erste sachlich die zweite Strophe vorwegnimmt. Lamy hat es stillschweigend übergangen.

[3] Zitiert wird offenbar *Matth.*, X, 16 u. zwar nur die beiden Wörter *'rīm* u. *tamīm*. Diese stehen in VS (*'rīmīn ...tamīmīn*) während Peš *ḥakīmē... w-tamīmē* hat.

[4] Syr. *dârōšâ* bei Ephr. eine Bezeichnung der Arianer; vgl. *HdF*, 1, 9; 2, 22; 13, 1 u. ö.

8 Klug war der Einfältige, * der auf jede Weise siegte * über den Bösen, dessen Schüler [1] * ihn an Scharfsinn noch übertreffen.
9 Klug war der Ungebildete, * der sich zu helfen wußte und erkannte, * wie er gefallen könne * dem Herrn aller Weisheit.
10 Tadelnswert ist der Geschwätzige, * der scharfsinnig ist für den Wortstreit, [2] * aber zu aufgeblasen für jene Pforte, * die enge [3], ins (Himmel)reich.
11 Der Siegreiche entfaltete * die Wahrheit in seinem Wandel, * (in) Taten der Reinheit * und Worten der Keuschheit.
12 Er erklärte was geschrieben steht, * und lehrte was aufgezeichnet ist, * und hielt die Gebote * und liebte die Verheißungen.
13 Er verglich die Hilfen * mit den Zeiten, * und wog die Einsichten * an den Werken.
14 Früchte der Pflicht * mehrte er überall. * Sein Wandel war verlässig, * sein Wort wahr.
15 Mund und Tür * öffnete der Selige; * seine Tür den Bedürftigen, * seinen Rat den Einfältigen.
16 Von Hilfen und Gütern * voll war sein Schatzhaus. * Und jeder fand darin, * was er wünschte.
17 Er dehnte seine Wege aus * und rüstete seine Schritte, * und gab Bescheid jedem, der ihn rief * in der Nähe und in der Ferne.
18 Es schwätzten die Beredten * und es spotteten die Verwegenen. * Der Demütige aber hörte * und der Milde ertrug.
19 Er erlöste die Bedrängten, * und führte heraus die Gefangenen, * er befreite die Unterdrückten * und versorgte die Bedürftigen.
20 Es forderten ihn auf die Leichtsinnigen, * es tadelten ihn die Unverständigen. * Doch der Kluge blieb fest, * um die Einfältigen zu gewinnen.
21 Er ging weg (in die Wüste), um klein zu werden, * damit komme und groß werde * der Kleine [4], den er aufforderte, * groß zu werden und (auch andre) groß zu machen.
22 Sein Mund flehte * und er weinte im Gebet * wegen der Leichtsinnigen, * daß sie ernst werden möchten.

Ende des zwölften Hymnus auf Abrâhâm Qīdūnâyâ

[1] Die Schüler des Bösen (Satans) sind in *CH*, 2, 10 die Häretiker.

[2] Syr. *drâšâ*, bei Ephr. für den arianischen Streit; vgl. Anm. zu Str. 6. Auch *qaṭīn* (scharfsinnig) wird von den Arianern ausgesagt (*HdF*, 56, 1 : *drâšâ d-qaṭīnâ*, Arius selber ?) aber auch von anderen Häretikern wie Bardaisan in *CH*, 6, 10 (*qaṭīn Bardayṣân*).

[3] Syr. *tarʿâʾalīṣâ* wie Peš u. VS in *Matth.*, VII, 13 (*Luc.*, XIII, 24).

[4] Vgl. die verwandte Str. 13, 8.

XIII

Der dreizehnte (Hymnus) nach der gleichen Melodie

1 Betet, meine Geliebten, * daß ich fähig sei, zu erzählen * von den strahlenden Siegen * des strahlenden Abraham!

Responsorium: Gepriesen sei, der deine Schätze reich gemacht hat!

2 Er betete für sich selber, * die Hilfen mehren zu können, * und er betete für den Nächsten, * daß sich sein Nutzen verdopple.

3 Nützliches Fasten, * einsichtiges Gebet, * das Kleid der Ausdauer * und das Brot der Niedrigkeit.

4 Er fastete und betete, * er tat und lehrte, * er unterrichtete und überzeugte. * Er war Priester und übte den Dienst aus [1].

5 Sein Nacken hat freiwillig * das Joch angenommen, * und er trug zusammen mit seiner Last * die Last der anderen [2].

6 Er ertrug Durst * und Hunger mit Ausdauer. * Er war müde und verbarg es, * er war bedrängt und hielt stand.

7 Sein(e) Wille(nskraft) war groß, * und sehr freute er sich, * über das Gute, * das anderen zufiel.

8 Er betete, daß der Kleine * wachse wie er (selber), * und er betete, daß auch der Große * von ihm Nutzen habe.

9 Sein Gebet war das der Reinen, * sein Fasten das der Strahlenden, * sein Wachen das der Klaren, * seine Liebe die der Vollkommenen.

10 Den Schmutz an seinem Körper * beließ er, um geschmäht zu werden. * Den Schmutz in seinem Gedächtnis * tilgte er um rein zu werden.

11 Sein Kreuz war in seinem Herzen, * und wer unterscheiden (konnte) sah einen Gekreuzigten [3], * der angeheftet war und (zugleich) einher ging.

12 Vor jenem Tod, * der (Sache) eines jeden ist, * war ihm der Tod (eigen), * der andere, (der Tod) der Selbsterniedrigung.

13 Vor jenem Leben, * worin alle gleich sind, * besaß er ein Leben, * ein andres, ein (Leben) des Sterbens.

XIII. Str. 1 - 11 beginnen mit *Ṣâdē*, 12 - 24 mit *Qōf*. Str. 1 : Einleitende Bitte. 2 - 11 : Gebet u. Fasten des Heiligen; sein priesterlicher Dienst; gegensätzliches Verhalten zum äußeren u. inneren Schmutz. 12 - 24 : Der Heilige überwindet den Tod der Sünde durch das Kreuz u. den leiblichen Tod durch die Verheißung.

[1] Syr. *kahhen âf šammeš*, hier offenbar ein Hendiadyoin.

[2] Verb u. Nomen wie in *Gal.*, VI, 2.

[3] Zu der Selbstkreuzigung durch Askese vgl. *de eccl.* 29, 13 f.

14 Denn vor dem Sterben * war er tot für die Sünde [1], * und (schon) vor seiner Auferweckung * lebte er für den Herrn des Alls.
15 Es fürchtete sich vor ihm * der Tod, da er ihn wegführte. * Denn er sah, daß in ihm verborgen war * das zukünftige Leben.
16 Es fürchtete sich auch vor ihm * die Sünde, da er lebte. * Denn sie sah, daß in ihm verborgen war * der Kreuzestod [2].
17 Er tötete mit dem Kreuz [2] * den zweiten Tod. * Damit er das Leben finde bei der Auferweckung, * tötete er (den zweiten Tod) vor seinem Sterben.
18 Er tötete mit seinem Willen * dieses Leben, um der Sünde zu sterben [3], * die Adam getötet hatte.
19 Getötet sind Leben * und zweiter Tod. [4] * Das Leben durch das Kreuz, * und der Tod durch die Verheißung.
20 Denn bevor noch hinabfällt * in die Scheol der Gerechte [5], * ist es, wie wenn er aufgefahren wäre (in den Himmel) * durch die Stimme der Verheißung.
21 Getötet ist nämlich der Tod, * der unsichtbare wie der sichtbare; * der unsichtbare durch den Lebenswandel, * der sichtbare durch die Verheißung.
22 Getötet ist der Sünder, * völlig, insgeheim. * Und der schwache fürchtet sich * vor dem sichtbaren Tod!
23 Getötet ist der Gerechte * durch sein Fasten und Wachen. * Denn vor dem kommenden Tod * fürchtet sich der kluge.
24 Getötet hat durch den Baum * der Tod die (Stammeltern), die (davon) aßen. * Die Fastenden verachteten (die Frucht) * und töteten (den Tod) durch das Kreuz [6].

Ende des dreizehnten (Hymnus) auf Abrâhâm Qīdūnâyâ

[1] Vgl *Rom.*, VI, 2.
[2] Man kann auf *Gal.*, V, 24 verweisen. Doch überwiegt hier die Vorstellung einer Selbsterlösung durch asketische Selbstkreuzigung. Vgl. Str. 11; 18 f. ; u. 21.
[3] Man vgl. das paulinische Praeteritum : «Wir sind der Sünde gestorben» in der zu Str. 14 zitierten Stelle.
[4] Syr. *mawta tenyânâ*; ebenso in *CNis*, 43, 14.
[5] Sic ! Auch der Gerechte geht nach dem Tod zunächst den Weg aller Menschen; Vgl. *CNis* 73, 4.
[6] Auch hier bleibt die Askese im Vordergrund.

XIV

Der vierzehnte (Hymnus) nach der gleichen Melodie

1 Groß ist dein « Selig », * Armer im Geiste [1] ! * Denn du hast die Tröstung verworfen, * die der Reiche liebte.

Responsorium : Gepriesen sei, der dein Selig groß gemacht hat !

2 Du hast das « Selig » geliebt, * das die Armen reich macht, * und hast verworfen die Tröstung, * die den Reichen arm macht.

3 Groß ist dein Sieg. * Denn du hast das Geld besiegt, * das erhängt und aussätzig gemacht hat * den Giezi und den Judas [2].

4 Deine Gesinnung ist groß. * Denn niemals wurdest du überdrüssig * der schweren Last * in langer Zeit.

5 Du ließest sprießen und wachsen * die Früchte (deiner) Setzlinge ; * und ihre Früchte wurden zahlreich * und ihre Zweige stark [3].

6 Deine Generation, gering war zuvor ihre Lehre. * Sie wuchs, weil sich in sie ergoß * die Woge deiner Unterweisung [4].

7 Groß ist dein Wunder. * Du warst tot in deinem Leben, * und du bist lebendig in deinem Tod ; * denn deine Verheißung lebt [5].

8 Groß ist dein Trost. * Denn nun ist für dich schon tot * der Stachel der Sünde [6], * der für uns noch lebendig ist.

9 Groß ist deine Befreiung. * Denn du zerbrachst durch deinen Tod * das Joch der Bedrängnisse, * das jeder Mensch schleppt.

10 Groß ist deine Erquickung, mein Herr. * Denn du bist entronnen dem Leben * hier, das uns trinken läßt * Wermut und Bitterkeit.

11 Groß ist, mein Herr, deine Seligkeit. * Denn du bist der Furcht entronnen, * und dein Kampf ist zu Ende, * und du bist dem Bösen entronnen.

XIV. Str. 1 - 12 beginnen mit *Rēš*, 13 - 21 mit *Šīn*. Str. 1 - 4 : Armut Verachtung des Reichtums. 5 - 6 : Der Lehrer. 7 - 12 : Groß ist dein Wunder... dein Trost... deine Seligkeit... dein Sieg. 13 - 15 : Abraham u. Abraham der Patriarch u. Lazarus. 16 - 19 : Abraham steuerte sein Schiff ohne Schaden durch den arianischen Streit. 20 - 21 : Zwei Str. mit *šubḥâ* Lob (sei Gott), die abzuschließen scheinen, zu denen aber zu Beginn des nächsten Hymnus noch zwei weitere treten.

[1] *Matth.*, V, 3. Das *meskēn b-rūḥeh* des Textes steht auf Seiten der VS (*meskēnē b-rūḥhōn*). gegen Peš (*meskēnē b-rūḥ*)

[2] Die gleiche Verbindung von Giezi u. Judas in *de eccl.* 11, 5 u. 7 u. *de eccl.* 31, 8 u. 10. Vgl. ferner *de eccl.* 46, 10.

[3] Das Bild läßt keine genaue Deutung zu, ob damit einzelne Schüler gemeint sind oder ob *dayrâtâ* (Lauren).

[4] Die Str. fällt aus dem Rahmen der Buchstabengruppe.

[5] Eine kurze zusammenfassende Wiederholung von Hym. 13, 12 ff.

[6] Syr. *ʿuqsâh da-ḥṭītâ*, offenbar eine Verkürzung von 1 *Cor.*, xv, 55 (*ʿuqseh dēn d-mawta ḥṭītâ*).

12 Groß ist dein Sieg. * Denn du (mußtest) die Speere werfen * unsichtbarerweise auf deinen betrügerischen (Gegner) [1], * der in Finsternis gehüllt ist.

13 Du errangst den Kranz * in rechtschaffenem Lauf. * Und dein Feind schämte sich, * daß seine Listen versagten.

14 Du übersprangst mit deinen Werken * den Abgrund [2], und es freute sich über dich * dein Vater Abraham * und dein Bruder Lazarus.

15 Treffend ist dein Name : * auch du bist Abraham * dem Namen nach und in den Taten [3] * In beidem ahmtest du ihn nach.

16 Gut lenktest du * dein Schiff, Siegreicher. * Denn unter den Kaufleuten * siegte dein Gewinn.

17 Der Mammon hat Verwirrung gestiftet : * die Schiffe, gegenseitig * stoßen und beschädigen sie sich * aus Streitsucht.

18 Gepriesen sei dein Sieg, * der du den Bösen besiegt hast, * den streitsüchtigen Nachbarn, * den verbrecherischen Gefährten.

19 Verwirrt ist der Handel, * weil im Disput Schaden * die Kaufleute (unter sich) teilten, * die redeten und untersuchten [4].

20 Lob sei Gott, * der Wohlgefallen hatte * an all deiner Schlichtheit, * voll von Einsicht.

21 Lob sei dem, der reicher werden ließ * deinen Lauf über die (bloße) Strecke hinaus [5], * indem er deinen Weg gemacht hat * zur Strecke deiner Ausdauer.

Ende des vierzehnten (Hymnus) auf Abrâhâm Qīdūnâyâ

[1] Syr. *nâkolâ*, was hier zum erstenmal begegnet u. im NT nur in der vers. Harkl. in *Luc* xx,20 erscheint (vgl. *Thes*).

[2] Syr. *peḥtâ*. Wie das Folgende zeigt, liegt die Parabel vom reichen Prasser vor, also hier *Luc.*, xvi, 26, wo Peš u. VS *hawtâ* haben. *peḥtâ* war nach *Parad.* 1, 12 u. *CNis* 10, 8 die Lesung Ephräms in Übereinstimmung mit Aphraat.

[3] Vgl. hier Hym. 11, 1.

[4] Syr. *d-âmrīn ba-b'âtâ* wörtlich : loquuntur in inquisitione. *b'âtâ* steht bei Ephr. zusammen mit *drâšâ* (Disput) für den arianischen Streit, vgl. *HdF*, 1, 9; 2, 12; 2, 14; 2, 18 u. s, w. Das Bild der Str. 16 - 19 besagt also daß Abrahams Verdienste durch diesen Streit keinen Schaden litten.

[5] Syr. *men ṭawrâk*. Der Sinn der schwierigen Str. scheint mir zu sein : sein Leben wurde noch verdienstvoller durch die lange Dauer, die seine Ausdauer in Erscheinung treten ließ.

XV

Der fünfzehnte (Hymnus) nach der gleichen Melodie

1 Lob sei dem, der dich erhöht * und dich im Triumph geleitet hat bei deinem Begräbnis, * und es war, als ob du in die Luft * mit Flügeln [1] entflogen wärest.

Responsorium : Gepriesen sei, der dich mit allem versah !

2 Lob sei dem, der verteilt hat * seine Kleider unter Arme. * In der Schar der Heiligen * wurden deine Kleider geraubt [2].

3 Die Geschichte meiner Sünden * habe ich dir erzählt * und habe im Gebet Tränen * für mich vergossen.

4 Gut ist es, daß ich erbitte * von dir, auch jetzt, * du mögest wegen meiner Leiden bitten, * die stärker sind als meine Heilmittel.

5 Denk an mich, mein Herr, * in diesem Gefängnis, * und es komme die (göttliche) Heimsuchung * voll von Verzeihung [3] !

6 Denk an deinen Knecht, * und sei nicht wie jener, * der den Auftrag erhielt und dann nicht dachte * an Joseph im Kerker [4].

7 Ich staunte über ihn, daß er, so lange * er (hier) verweilte, Fortschritte machte. * In der Zisterne [5] (dieses Lebens) lebte er gerecht, * in den Fesseln (dieses Lebens) erstrahlte er.

8 Ich staunte, mein Herr, über meine Häßlichkeit, * daß, solange ich (am Leben) bleibe, * das Maß meiner Sünden * wächst und sich vermehrt.

9 Beides ist niederdrückend * und womit soll ich mich trösten : * die Furcht vor dem Tod, * und die Furcht vor dem Leben [6].

XV. Str. 1 - 4 beginnen mit *Šīn*, 5 - 28 mit *Taw*. Str. 1 - 2 : Das Begräbnis des Heiligen. 3 - 6 : Der Verfasser bittet, daß der Heilige ihn in seiner irdischen Not nicht vergessen möge. 7 - 12 : Das törichte Hängen der Menschen am (sündigen) Leben. 13 - 14 : Gerechtigkeit u. Güte des Richters im Beispiel Sodomas. 15 - 18 : Hoffnung auf die Fürsprache des Heiligen beim Gericht. 19 - 24 : Der Verfasser staunt über die eigne Unbußfertigkeit und die der Menschen. 25 - 28 : Er hofft auf die Güte des Richters u. die Fürbitte der Heiligen.

[1] Syr. *ebrē* (pennae). *Parad.* 9, 19 spricht von den schweren Flügeln der Seele, die im Paradies gereinigt werden um in die Höhe Gottes emportragen zu können.

[2] Syr. *etḥaṭṭaf.* das gleiche Verb in der offenbar gleichen Situation in Vita, LAMY IV, 77, 1 : bei der Beerdigung des Heiligen heißt es von den Teilnehmern : *mḥaṭṭfīn hwaw men lbūšeh.*

[3] Zu der helfenden Fürbitte des Heiligen für den noch Lebenden vgl. bereits Hym. 7, 15 ff.

[4] Vgl. *Gen.*, XL, 23.

[5] Syr. *gubbâ*. *Parad.* 14, 3 vergleicht das irdische Leben mit der Zisterne (*gubbâ*), in die Jeremias geworfen wurde.

[6] Vgl. *Sermones* I, 5, 216 ff.

10 Ich staunte, daß der Sünder * in der Maske eines Büßers * betet, bleiben zu dürfen. * Denn man liebt das Licht (dieses Lebens).

11 Ein törichter Kaufmann, * der, sein Kapital verlierend, * mit der Hoffnung sich tröstet, * bis er arm wird.

12 Ich staunte darüber, daß an der Hoffnung * der Verwegene hängt. * Nach Übereinkunft [1] wird er ausgeplündert, * bis man ihm die Augen schließt.

13 Preis sei jenem Gerechten, * der kein Ansehen der Person kennt [2], * der gerecht entschied, * daß Sodoma zerstört werde.

14 Preis sei dem Barmherzigen! * Denn hätten sie gewollt, * dann wären mit Lot ausgezogen * seine sündigen Schwiegersöhne [3].

15 Für mich sei Sodom * ein Bild der Gehenna! * Doch statt des einen Gerechten (Lot) * sind da viele (Gerechte) Lot.

16 Es mehre sich die (Für)bitte * derer zur Rechten, * und aus der Schar der Sünder * rufe mich die (göttliche) Güte!

17 Ich staunte : es erbaten sich * Böse von Bösen, * und sie erhielten das Erbetene, * und sie verziehen ein Vergehen.

18 Es gebe mir, Furchtsamen, Mut * dein Gebet für mich. * Denn gar sehr finden Gehör * die Guten bei dem Guten.

19 Ich staunte sehr über mich selber, * daß ich sowohl im Leid * wie in der Freude * die Schulden mehre.

20 Ich staunte über die Schöpfung * wie schön sie sei, * und wie häßlich mein Wille * unter Schönen.

21 Ich staunte, daß ich mich nicht bekehrt habe, * obwohl ich mich täglich bekehre [4]. * An der Hoffnung hänge ich, * bis es zu Ende ist mit mir.

22 Ich staunte, wie sehr also * wir Menschen uns täuschen, * daß selbst die Erfahrung * uns nicht überzeugen konnte.

23 Ich staunte, wie verwegen * der Mensch ist. * Stirbt er, zerfällt er. * Bleibt er (am Leben), wird er stolz.

24 Um zwei Dinge bitte ich : * zu sterben oder ohne Sünde zu sein. * Zu sterben, fürcht ich mich, * und bleiben, dann sündige ich [5].

25 Es habe Erbarmen deine Güte mit mir * (hier) vor meinem Scheiden. * Denn Schrecken (harrt meiner), wenn ich scheide, * ohne daß mir meine Sünden verziehen sind.

[1] Syr. *b-tanway*, offenbar im Sinn : mit eigner Zustimmung.

[2] Syr. *d-lâ nâseb b-appē*; vgl. *Gal.*, II, 6 u. ä.

[3] Das Wort von *Gen.*, XIX, 14.

[4] Oder « Buße tun », syr. *tūb*. Vgl. *Sermones* I, 7, 213 ff.

[5] Vgl. *Sermones* I, 5, 204 ff.

26 (Deine Güte) gebe deinem Knecht * auf das Gebet deines Knechtes hin, * daß ich hier Verzeihug finde * und dort Erquickung!
27 Sie gebe mir, daß ich (meine Schuld) erstatte * (schon) hier deiner Gerechtigkeit, * und sie füge hinzu, daß ich dort * das Leben finde durch deine Güte.
28 Das Flehen der Gerechten * trete ein zu * dem Anwalt, deiner Güte! * Und es errette meine Gefährten!

Ende des fünfzehnten (Hymnus)
Zu Ende sind die Hymnen auf Abrâhâm Qīdūnâyâ
fünfzehn an Zahl
verfaßt von Mar Ephräm

FERNER HYMNEN AUF YULYÂNÂ SÂBÂ

I

Nach der Melodie : Unser Haus [1] möge sich versammeln!

1 Gott, der (den Heiligen) [2] in dem zweifachen Kampf sah, * den mit ihm die sichtbare Welt und das unsichtbare Herz führte, * und (daß) er den inneren und äußeren Krieg gewann, * der möge mir geben, daß ich aus seinen Schätzen * einen Kranz von Worten schmücke, der seinem Lebenswandel entspricht!

Responsorium : Lob sei dem, der ihn erwählt hat!

2 Wer kann mit Worten es aufnehmen * mit dem Schatzhaus (seiner) Taten und Siege ! * Er entschlief und verstummte. Und sein Schweigen ist größer * als seine Herolde, und der Schatz seiner Gebeine * (ist größer) als sein Schatzmeister; größer als mein Mund ist der Schatz unseres Vaters [3].

3 Wie und wie sehr wird (auch) die Zunge erheben * den Sieger, den (nur) sein eigner Kranz erheben kann! * Denn sein Ruhm kann (allein) überzeugen * von seinem Sieg. Zu groß ist sein Werk * für eine Erzählung, und seine Tat zu groß für einen Bericht.

4 Ein Baum, dessen Früchte und Blätter strahlen, * was braucht es da den Mund, daß er von ihm künde! * Denn durch Erfahren und Schauen * überzeugt er von sich selber, den Mund durch seinen Geschmack, * den Atem durch seinen Duft, die Hand durch sein Betasten, das Auge durch seine Schönheit.

Hym. I gehört zu der Gruppe H. I - IV mit gleicher Melodie u. durchgängiger alphabetischer Reihenfolge der Strophen. Hier in H. I beginnen Str. 1 - 13 mit *Alaf*, 14/5 mit *Bēt*. Str. 1 : Einleitende Bitte an Gott. 2 - 6 : Der Ruhm des Heiligen verkündigt sich selber; zu schweigen wäre besser. 7 - 9 : Schon zu Lebzeiten haben die Wundertaten seines Glaubens die Disputierer (Arianer) besiegt. 10 - 12 : Nur wer ihm gleichkäme, könnte würdig von ihm erzählen. 13 - 15 : Der Reichtum des Heiligen schmückt u. beschämt; er konnte ihm nicht geraubt werden; denn er ist durch den freien Willen erworben.

[1] Syr. *dayrâ*, was Mönchssiedlung bedeuten kann aber ebenso auch andre Gemeinschaften. In *HdF*, 79, 9 steht es in der Reihe : *kenšâ, dayrâ, ʿedtâ* u. *knūštâ*.

[2] Sehr auffällig, daß hier in I, 1 das Pron. suff. steht!

[3] Damit könnte ein Hinweis gegeben sein, daß für den Verfasser der Heilige Mönchsvater sei. Ebenso gut kann er aber auch als Glied der edessensichen Kirche so sprechen. Daß letzeres der Fall ist, beweist die Stelle, wo der gleiche Ausdruck wiederkehrt, Hy. 4, 13.

5 Denn wer müßte nach dir fragen! * Ist doch dein Lebenswandel wie ein Herold in der Schöpfung, * ein großes Weihrauchfaß in unserem Land [1]. Seine mächtige Rauchwolke ist bei den Nahen, * und sein lieblicher Duft (dringt) zu den Fernen, die seine Kunde vernahmen.

6 Auch ich weiß, daß die Kunde von dir durch mich verliert. * Ich hätte meine Kleinheit erhoben, wenn ich geschwiegen hätte. * Ich lernte zu verstummen, und ich erkannte (den Wert) des Schweigens. * Möge ich mich nur selber erkennen! Liegt doch ganz offen * dein Leben. Licht verbirgt sich ja selber nicht.

7 Ganz klar ist auch (das) : wie sehr auch ertöne * die Posaune der Worte, um zurecht zu weisen, es besiegen sie * die guten Taten. Diese haben viele Unterweisung gegeben * in ihrem Schweigen, und haben verkündet und belehrt * in ihrer Stummheit. Siehe dein Heilen ist dein Verkünden!

8 Deine (Wunder)zeichen wurden für dich zum Mund, der nicht unterliegt, * und die in ihnen (liegende) Wahrheit zur alles besiegenden Zunge. * Und es verkündete in ihnen ein Glaube ohne Forschen. * Deinen Zeichen unterlagen die Disputierer [2] * und deinem Heilen auch die Forscher [3].

9 Welcher Wortgewandte [4] hätte mit dir disputieren (können)? * Über die Zeichen des Glaubens disputiert man nicht. * Sie haben etwas Zwingendes. Kein Mensch kann * dabei disputieren. Deine Einfalt, mein Herr, * ist wie die der Apostel. Von Laien wurden die Weisen besiegt [5].

10 Wer kann mit offnem [6] Blick von deinem Leben erzählen? * Nur wer entweder dir gleich kommt oder dir ähnlich ist, * damit dein großer Reichtum durch ihn nicht klein wird. * Nur eine reine Harfe ist würdig, * die, indem sie dich verkündet, durch dich wächst [7].

11 Wie kann der Finger eines Unerfahrenen * verwegen das Bild des (Himmel)reiches formen? * Denn wenn seine Gedanken (es tun sollen), es

[1] Hy. 4, 2 führt das weiter aus u. aus 3, 4 geht hervor, daß das Grab des Heiligen damit gemeint ist.

[2] Syr. *dârōšâ*, bei Ephr. ein Ausdruck für die Arianer; vgl. *HdF*, 1, 9; 2, 22; 13, 1 u. s. w.

[3] Syr. *bâṣōyâ*. Das dazu gehörige Verb *bṣâ* wird von Ephr. häufig von den Arianern ausgesagt seltener das Nomen; vgl. *HdF*, 5, 1 u. 13.

[4] Syr. *mallâlâ*, bei Ephr. von den Arianern gebraucht in *HdF*, 28, 9 (*mallâlē* u. *bâṣōyē*) u ähnlich *HdF*, 29 6.

[5] Man kann in den Str. 8 u. 9 eine Anspielung auf die Reise des Heiligen nach Antiochien finden mit dem Wunder der Selbstheilung, der Heilung des auf den Händen kriechenden Bettlers u.des praefectus orientis. Vgl. SCHIWIETZ, *Das morgenländische Mönchtum*, III, (Mödling, 1938), S. 57.

[6] Syr. *b-appē galyâtâ*, wie in *CNis*, 64, 12.

[7] In *HdF*, 1, 18 wird eine ähnliche Aussage auf Gott bezogen.

fehlt ihnen die Einsicht. * Und wenn seine Unterscheidungen, sie treffen nicht zu. * Und wenn seine Farben [1], sie leuchten nicht, In allem versagt er.

12 Wie soll ein Träger mit seiner (Sünden)schuld erzählen * von dem Kaufmann, dessen Schätze im Himmel sind [2], * dem es zu wenig war, als sein Talent zehn (Talente) trug [3], * der auch nicht auf dem (stürmischen) Meer * seine Schätze [4] verlor, der mit Gewinn begann und endete.

13 Wer hätte sich ihm angeschlossen ohne durch ihn geschmückt zuwerden ? * Auch der Reiche und Mächtige wuchs durch ihn. * Und der seinem Namen nach Verächtliche, * selbst einem Berühmten konnte er befehlen. (So) möge meine Häßlichleit * durch ihn sich schmücken. (so) möge mein Wort das Kleid der Schönheit seiner Taten anlegen!

14 Ich Armer schaute auf die Tür seines Schatzhauses [5] * und ich wurde verwirrt wegen des Reichtums, der mir entgegenstrahlte. * Und ich staunte, wie arm wurde * die Menge der Trägen und wie reich hingegen * der eine Rührige, dessen Gebete zu seinen Schätzen wurden.

15 In der Einsicht ist das Salz [6] für seine ganze Schlichtheit [6], * und im Lebenswandel der klugen Entscheidungen (das Salz) für seine Einfalt. * Das sind die Besitztümer, die man nicht raubt. * Denn es gibt keinen Zwang für unsre Freiheit. * Und durch seinen Willen ist er in den Besitz seiner Schätze gekommen,

Ende des ersten (Hymnus) auf Sâbâ Yulyânâ

[1] Die Farben des menschlichen Geistes versagen in *HdF*, 33, 14 vor dem Sohn.

[2] Vgl. *Abr. Kid.* 3, 7.

[3] Syr. *manyâ*, das Wort von *Luc.*, XIX, 16.

[4] So nach dem Text der Necrosima. Die Hs hat *šâmōnâ*, der quadrans der Witwe von*Marc.*, XII, 42, wahrscheinlich dadurch hervorgerufen daß hier die Peš das *manyâ* (*mnīn*) mit der anderen Bedeutung (nummus) verwendet u. durch *šâmōnâ* erklärt.

[5] Vgl. die strahlende Paradiespforte von *Parad.* 3, 13.

[6] In *Jul. Saba* 15, 16 bittet der Verfasser um die Schlichtheit des Heiligen als Salz für den eignen Glauben. Vgl. Anm.

II

Der zweite (Hymnus) nach der gleichen Melodie

1 Schätze des (Himmel)reiches [1] sammelte der Selige : * alles auserlesene Steine [2], nicht aufzuwägen, * und Berylle, unbezahlbare * und Perlen, unvergleichliche. * Selig ist er, denn sein Reichtum ging mit ihm hinüber ins (Himmelreich).

Responsorium : Mögen wir gewürdigt werden, ihn wieder zu sehen!

2 Ein Wunder, daß er all das in Reinheit vermochte : * das große Wachen, das viele Fasten * und tagelanges Beten * und lebenslängliche Buß-trauer [3] * und das Gekreuzigtsein [4], die ganze Zeit, das er siegreich durchhielt.

3 Das ist staunenswert, daß an ihn nicht herankam * die Trägheit, die jede Hilfe aufhören läßt, * auch nicht der Hochmut, der zu Stolz führt, * noch Erregung, aus der der Zorn kommt * noch Neid, ein Schatz voll von Schäden.

4 Er war siegreich in zwei mächtigen Dingen : * die Jugend verwirrte ihn nicht mit ihren Begierden, * und das Alter hinderte ihn nicht * mit seiner Schwäche. Er siegte strahlend in beiden * und er riß den Kranz an sich, den unvergänglichen [5].

5 Die Waffe, die er anlegte, legte er niemals (wieder) ab, * wie die Vielen, die sie anlegten und (wieder) ablegten und schlaff wurden. * Seinen

II. Str. 1 - 6 beginnen mit *Gâmal, Dâlad, Hē, Waw, Zayn, Ḥēt*, 7 - 11 mit *Ṭēt*, 12/3 mit *Yōd*, 14 - 17 mit *Kâf, Lâmad, Mīm* u. *Nūn*. Str. 1 - 5 : Die Verdienste des Heiligen seine himmlischen Schätze. 6 - 7 : Ein Wille ein Lebensweg, schnell u. ausdauernd wie ein Pfeil 8 - 10 : Er verwirklichte das Ebenbild Gottes durch seinen sittlichen Willen. 11 : Der Himmel, seine wahre Heimat. 12 : Sein Ausharren im Gebet bis zum Tod. 13 : Der Eingeborne u. der Einsiedler. 14 : Sein Gebet in der Abgeschiedenheit mit der inneren Schau Gottes. 15 - 16 : Der Heilige als Spiegel aller Tugenden. 17 : Der Heilige mit seiner mächtigen Fürsprache bei Gott ist von uns geschieden. Mögen seine Gebeine für uns Schutz sein!

[1] Syr. *gazzē d-malkūtâ*, anders gewendet in *HdF* 54, 5. In *Matth.*, VI, 20 u. XIX, 21 (*Marc.*, X,21; *Luc.*, XVIII, 22) haben Peš u. VS überall *sīmtâ ba-šmayâ*.

[2] Syr. *kulhēn kēfē gabyâtâ*; vgl. 3 *Reg.*, VII, 9 : *kulhēn kēfē ṭâbâtâ*.

[3] Syr. *abīlūtâ*. Neben Beten, Fasten u. Wachen ist hier wohl noch die engere Bedeutung (Buß)trauer gegeben u. nicht der Terminus : Eremiten (Mönch)tum. Zu *abīlâ* vgl. *Abr. Kid.* 9, 14.

[4] Zu diesem *zqīfūtâ* vgl. *Abr. Kid.* 13, 11 u. 19 mit Anm.

[5] Syr. *klīlâ d-lâ methabbal*; in 1 *Petr.*, I, 4 heißt es : *yartūtâ d-lâ methabblâ* u. in V, 4 : *klīlâ d-lâ ḥâmē*

Köcher [1] prüfte er jeden Tag, * und er mehrte darin die auserlesenen Pfeile [1]. * Der Böse, der sich fürchtete : noch bevor er unterlag, war er schon zuvor besiegt.

6 Einer (nur) war sein Lebensweg, weil sein Wille nur einer war. * Denn niemals gab es bei ihm zwei Willen [2] * und niemals zwei Lebenswege, * daß er gelaufen wäre und verweilt hätte. In einem einzigen Willen * und in einem einzigen Lauf begann und vollendete er als Sieger.

7 Gar sehr glich er dem Pfeil eines Kriegers, * der kein Verweilen und kein Zögern kennt auf seinem Lauf [3]. * Er glich dem Pfeil in seiner Schnelligkeit, * er übertraf ihn durch seine Ausdauer. * Denn die lange Zeit hindurch kannte er keine Müdigkeit in seinem Eifer.

8 Der Selige fühlte, daß das Bild Gottes [4] * nicht dieses sichtbare Bild des Körpers war. * Deshalb mischte er gute Werke * wie Farben. Mit dem Finger der Wahrheit * formte er an seinem Herzen das Bild Gottes [5], von dem Moses schrieb.

9 Der Gütige und der Sohn des Gütigen lehrte : Ahmet nach * euren milden Vater in euren Werken [6]! * Moses und unser Herr [7] formten uns das Bild * der Gottheit, in das sich durch seinen Lebenswandel * Saba gehüllt hat, in Gebeten und nicht in (äußeren) Formen.

10 Der Gütige hat mit reinem Willen Adam geschaffen, * (Adams) Freiheit (aber) hat jene Reinheit getrübt. * Wer rein ist und durch keinen Anlaß * sich trübt, dessen Wille ist rein * wie der (Wille) Gottes. Unser Wille ist das Abbild Gottes [4].

[1] Die Wörter von *Is.*, XLIX, 2. Sachlich ist wohl auf *CH*, 18, 2 zu verweisen, wo von den Pfeilen des Gebetes die Rede ist, die man gegen den bösen Feind richtet.

[2] Zu dem Problem, daß der eine menschliche Wille in seinen Akten in verschiedene u. gegensätzliche zerfallen kann vgl. die breite Ausführung in *Pr. Ref. ad Hyp.* I (syr. Text bei OVERB. 34, 4 ff.). Hier erscheint auch der Plural *ṣebyânē*, von einer einzigen Person ausgesagt, so OVERB. 49, 12 : *kulhōn ṣebyânē ḥad ṣebyân meškḥīn l-mehwâ*. Vgl. *HdF*, 20, 12 - 14 : « geteilt ist das Herz, das zugleich zwei Pfade eilt ». Aufgabe des Menschen ist es, « eine Einheit vor Gott zu werden » (20, 17).

[3] Ganz ähnlich spricht in *CNis* 62, 17 der Tod : Bei mir gibt es keine Trägheit keine Umschweife. Ich glaube, daß auch der Pfeil mir nicht zuvorkommen kann

[4] Dazu daß hier das Bild Gottes im Menschen in seiner Sittlichkeit, in der Nachahmung Gottes in guten Werken, gesehen wird, was dann zum freien Willen als dem Abbild Gottes führt (Str. 10) vgl. die Anm. zu *Sermones* I, 6, 170. Ferner *Virg.* 3, 8, wo ebenso der freie Wille « Abbild des Allerhöchsten » ist, « dessen Macht das All trägt ».

[5] Das gleiche Bild in *Nat.*, 16, 7.

[6] Für den Sohn ist wohl auf *Matth.*, v, 48 zu verweisen, und für den Vater auf *Lev.*, XIX, 2 u. *Deut.*, XVIII, 13

[7] Im Gesetz des Alten u. Neuen Testaments.

11 Er vergaß und dachte nicht mehr an den vergänglichen Reichtum. * Denn ein einziger Gedanke war in ihm mächtig, der an die Heimat in der Höhe. * Er schied schon zuvor, zur Zeit, da er (noch) hier war. * Und jetzt, da er weggegangen ist, * ist er wieder bei uns, bis zur Auferweckung, obwohl er schon ganz [1] im (Himmel)reich ist.

12 Der Tag seines Endes war wie der Tag seines Anfangs. * Denn vom Anfang bis zum Ende hat er (sein) Flehen ausgedehnt * und (niemals) die Wurzel seiner Gebete abgeschnitten [2]. * Denn auch (noch) zu den Zeit, da er starb, * ging in [3] seinem Mund jenes Flehen wie eine Opfergabe.

13 Jesus war zu jeder Zeit abgebildet in seinem Lebenswandel [4]. * Und weil er die Herrlichkeit des Ein(gebornen) sah, wurde er Ein(siedler) [5]. * Und er verachtete dieses Leben, das vergeht, * und er verwarf diese Schönheit, die verwelkt, * und er gab in Demut den Söhnen seines Volkes ein Vorbild.

14 Zu jeder Stunde trennte er sich und ging er hinaus um zu beten, * um mit dem unsichtbaren Auge [6] den Unsichtbaren zu betrachten, * den er liebte. * Denn er ist sehr schön für seine Anbeter. * Und wer das Auge seines Herzens [7] reinigt [8], * und seinen Glanz sieht, der kann an seiner Herrlichkeit sich nicht satt (sehen).

15 Es gab keinen Hinterhalt [9] in seinem schlichten Herzen, * und keinen Trug in jenem Wahrhaften, und keinen Stolz * in jenem Demütigen und

[1] Syr. *kulleh*, ein sehr auffälliger Ausdruck, der unmöglich voll genommen werden kann u. auch abgeschwächt noch im Gegensatz zu stehen scheint zu Stellen wie *Abr. Kid.* 3, 6f.

[2] Das ungewöhnliche Bild hat Entsprechungen bei Ephr., wo es in *SdF*, 2, 565/8 von der (göttlichen) Liebe « die gekommen ist um die Menschen zum Himmel emporzuführen » heißt, daß der arianische Streit herbeieilt, « um die Wurzel abzuschneiden, welche zum Himmel emporführt ». Ähnlich spricht *CNis* 50, 6 von den « Wurzeln unseres Glaubens, die in unserem Herrn eingesenkt sind », u. daran anschließend von den Wurzeln unserer Liebe, denen die « Erstrekkungen seines Erbarmens » gegenüber stehen.

[3] So der syr. Text. Man würde « aus » erwarten.

[4] Vgl. dazu die bis ins Einzelne gehende Ausführung dieses Gedankens für Johannes in *Virg.* 25, 4.

[5] Hier begegnet zum erstenmal die Zusammenstellung von *īḥīdâyâ* « der Ein(geborne) » u. *īḥīdâyâ* « der Ein(siedler) ». Ein tieferer, mystischer Sinn über das Wortspiel hinaus kommt nicht zum Ausdruck. Vgl. dazu den Aufsatz : *Zur Terminologie des ältesten syrischen Mönchtums* (*Studia Anselmians* XXXVIII, S. 258 ff.).

[6] Ebenso *Nat.* 18, 9 : das schwache Auge der unsichtbaren Seele, oder besser die Var. : das unsichtbare Auge der reinen Seele.

[7] Vgl. *Eph.*, I, 18, eine Stelle, die in *SDN*, cap. 32 (S. 30, 13) zitiert wird.

[8] Vgl. *Parad.* 9, 26.

[9] Syr. *qaflâ* ; vgl. *CH*, 18, 6 : *qaflē wa-kmēnē b-lebbeh d-qâtōlâ*.

keinen Zorn * in jenem Milden, und keine Eifersucht * in jenem Heiligen und keine Makel in jenem Keuschen.

16 Wer sollte nicht Leid empfinden, wenn er klug ist, * daß dieser reine Spiegel von uns schied [1], * der in Milde sich auftat * vor uns Häßlichen; und wir Befleckte * wurden liebevoll beschämt von seiner Reinheit.

17 Laßt uns zagen, meine Geliebten! Denn der unermüdliche Beter * und der ständige Fürbitter und Helfer [2] * ist von uns gegangen. Möge es der Wille unseres Herrn sein, * daß er, so wie er unser Helfer in seinem Leben war, * uns auch (schützende) Mauer sei durch seine Gebeine, wie Joseph [3].

Ende des zweiten (Hymnus) auf Yulyânâ Sâbâ

III

Der dritte (Hymnus) nach der gleichen Melodie

1 Saba (der Greis) war [4] wie Moses angetan mit der Versöhnung * und er konnte die Risse schließen [5] durch seine Gebete. * Und indem er sein Licht leuchten ließ * gingen seine Strahlen auf in unseren Gegenden * Denn sein Lebenswandel wie seine Schüler [6] erstrahlten in unserem Land.

2 Der heilige Saba (Greis) der jungfräuliche, keusche, * bewahrte die Reinheit, die Jungfräulichkeit, ungeschmäht, * und die Bußtrauer [7], frei

[1] Vgl. *Abr. Kid.* 1, 2.

[2] Syr. *qâyōmâ*, wie in *Sermones* I, 2, 291, wo es neben dem Fremdwort *paṭrōnâ* (patronus) steht.

[3] Hier ist also nur von der Hilfe die Rede, die aus den Gebeinen (Reliquien) des Heiligen (wie der Martyrer) im Grab kommt, wo auch Ephr. in *CNis*, 43, 1 das Beispiel der Gebeine Josephs anführt: « Eine (Schutz)mauer war Joseph...Moses trug seine Gebeine (vgl. *Ex.*, XIII, 19), damit sie für das Heerlager zu einer Mauer in der Wüste würden. » Vgl. auch *Diat.* XII, 21 9.

III. Str. 1 - 4 beginnen mit *Samkat*, 5 - 13 mit *'Ē*. Str. 1 - 3: Saba, wie Moses der Schutz des Landes, war durch seine Askese für den Bösen unangreifbar. 4 - 7: Saba übetraf alle seine Anhänger (Schüler). 7 - 12: Die kluge Milde des Erziehers. 13: Irdische Sorgen kannte er nicht.

[4] Im Syr. reiner Nominalsatz ohne Angabe der Zeitstufe, die aber aus dem Folgenden als Praeteritum zu bestimmen ist.

[5] Der Ausdruck in konkretem Sinn in *CNis*, 2, 5, übertragen in *Virg.* 46, 13 (mit Almosen die Risse schließen). Vgl. auch *CNis* 43, 3.

[6] Ihre Erwähnung kommt hier sehr unvermittelt. Der Text dieser ersten Str. stammt nur aus einer Necrosimahandschrift.

[7] Syr. *abīlūtâ*; vgl. oben zu Hy. 2, 2.

von Tadel, * und die Demut, frei von Hochmut * und die Vorstandschaft [1], ungetrübt durch Stolz.

3 Der Böse sah sein Bußkleid [2] und er erschauerte und erschrak; * denn wie einen Panzer [3] aus Erz berührte er es, und er fürchtete sich. * Seine Barfüßigkeit [4] trat auf die Stacheln [5] (des Bösen) * und auf seine Schlangen [6]. Und das ist das Wunder : * mit diesen einfachen Dingen wurde der Starke [7] vom Fastenden besiegt.

4 Gar sehr wurde der Böse beschämt, da er sah, wie Saba (der Greis) * jugendlich kräftig war und emporstieg * auf Stufen, die auch für Jugendliche schwer (zu ersteigen) sind. * Mancher mühte sich und mancher kehrte um. * Der Siegreiche stieg empor und führte mit sich empor die Vielen.

5 Viele traten zusammen mit ihm ein in den Wettkampf. * Sein Lauf besiegte die Schnellen, die mit ihm liefen. * Von seiner Jugend an war er der erste. * Denn er ertrug es nicht, seinen Lauf allmählich * zu steigern. Von der Tür an war er der erste.

6 Mit ihm siegten seine tüchtigen Anhänger. * Und obwohl auch ihr Lauf und ihr Siegeskranz strahlte, * sein Kranz war größer. Denn länger * arbeitete er und besser reinigte * und läuterte er seine Edelsteine. Ihre Strahlen leuchteten an seinem Kranz.

7 Er trat in den Kampf ein und holte sich daraus Siege. * Sein Schwert siegte, seine Arznei heilte, sein Banner leuchtete. * Er war der Kriegsherr mit dem Horn * und mit dem Banner, ein Arzt mit allen * Arzneien. Mit wieviel Namen könnten wir ihn umfassend benennen?

8 In harter Arbeit säte er das hilfreiche Wort. * Und wie (bei der Bestellung des) Ackerbodens verfuhr er klug : * war er frei (von Unkraut),

[1] Syr. *rēšânūtâ*. Das Wort besagt die Bischofswürde in *HdF*, 87, 6 u. *CH*, 24, 2, in beiden Fällen als der Anlaß ehrgeiziger Glaubensstreitigkeiten. Hier offenbar die Vorstandschaft einer Eremitengemeinde.

[2] Syr. *saqqâ* wie in *Abr. Kid.* 10, 16 (er vertauschte das Hochzeitskleid mit dem Bußkleid).

[3] Syr. *šeryânâ*. Das gleiche Wort in gleichem Zusammenhang in *de ieiun.* 4, 4 : *hâ saqqâ* (als Kleid des Fastenden) *a(y)k šeryânâ*.

[4] Syr. *ḥefyâyūtâ*; als Bußübung ebenso in *Sermones* I, 1, 209 ff. Mit dem Folgenden wäre auch aus dem *Sermo de Monachis*, Lamy IV, 151, 4 a.i. zu vergleichen : liebe die Barfüßigkeit, *d-dayšâ rēšâ d-tanīnâ* (quae conculcat caput draconis).

[5] Syr. *ʿuqsaw*; in *CNis*, 41, 8 sagt Satan, daß er *ʿuqsē* auslege (Fußangeln ?).

[6] Vgl. *Luc.*, x, 19.

[7] Syr. *ḥasīnâ* wie Peš u. Vs in *Matth.*, xii, 29 (u. Par.). Vgl. ferner *Jul. Saba* 10, 5.

dann mühte er sich ab mit ihm * in Milde. War aber Gestrüpp da, * dann (ging er) klug (vor). Allen wurde er alles mit allen Hilfen [1].

9 Angestrengt prüfte er : wenn zu Schaden gekommen wäre * ein Verwegner durch Milde, dann gab er sich heftig. * Er änderte sich, aber nicht in seiner Gesinnung; * denn die blieb milde; nur sein Blick (änderte sich). * Denn klug entriß er den Unerfahrenen dem Rachen der Schlange [2].

10 Klug war er, zu belehren ohne zu zürnen, * (nicht) wie es viele tun, die zornig und erregt tadeln. * Denn während sie danach trachten, zurechtzuweisen * den, der gefehlt hat, übertrifft der Schmerz * dessen, der zurechtweist, sogar den Schmerz dessen, der zurechtgewiesen wird.

11 Tadelnswert war für ihn, wer beim Tadeln zürnt. * Denn während er ein Vergehen bestrafen will, vergeht er sich selber. * Getrübt und verwirrt, mit veränderter (Gesichts)farbe [3] * und ganz häßlich, tadelt er den Häßlichen, * warum er häßlich sei, Der Reine aber blieb rein, wenn er tadelte.

12 Er mühte sich, den Zorn zu unterdrücken, damit er nicht über ihn herrsche * Doch auch ohne Zorn übersah er nicht den, der sündigte. * (Er war) wie die Sonne, die in Milde * geduldig die Kälte löst. * Ein heiliger Meister, den niemand tadelte, wenn er tadelte.

13 Kleidung, Schmuck, Speisen Weine, * Umgang und Beschäftigung, Mühe, Sorge um den Lebens(unterhalt), * diese Dinge, worin wir uns selber * verächtlich sind, eine Erniederung ist es * für jenen Sieger, sie bei ihm auch nur zu erwähnen!

Ende des dritten (Hymnus) auf Yulyânâ Sâbâ

[1] Wie *Abr. Kid.* 4. 17, wo das zugrunde liegende Pauluswort (1 *Cor.*, IX, 22) indirekt zitiert wird. In beiden Fällen steht *ʿam kul* statt des *l-kul* der Peš.

[2] Syr. *men pūm ḥewyâ*, ein sehr auffälliges Bild, weil sonst nur von dem Gift die Rede ist, das die Schlange verspritzt. Doch vgl. *CNis*, 29, 3 : *ḥwawâtâ bâlʿay l-aḥayhōn* (serpentes devorantes fratres suos).

[3] Syr. *hfīk gawneh*, wie in *Sermones* II, 1, 1223.

IV

Vierter (Hymnus) nach der gleichen Melodie

1 Vom heiligen Saba laßt uns Heiliges sprechen! * Sein Rang überragt die unteren und mittleren (Stufen) [1]. * Und wie wir vollkommen sind * unter den (Kindern) der linken Seite, so war er vollkommen * unter denen der rechten. Mögen wir, mein Herr, mit ihm stehen zur Rechten!

Responsorium: Mögen wir deiner Tugend würdig sein!

2 Die reiche Wolke, die aus seinem Rauchfaß [2] (aufstieg), * ihr Duft wehte und erreichte alle (Himmels)gegenden. * Wie sehr wird also unser Land danken, daß es gewürdigt wurde, * daß in ihm hinterlegt wurde der Schatz von Wohlgerüchen, * dessen Duft die Menschen anzieht, zu ihm zu kommen.

3 Ursprung von Hilfen ist er ganz nach allen Seiten. * Denn nicht allein durch seinen Reichtum macht er uns reich, * vielmehr sind auch, da der Ort seines Grabes * ein großer Hafen wurde, eingeladen worden * alle Kaufleute [3], in unser Land mit ihren Schätzen zu kommen.

4 Sein Mund der verstummte, mehrt uns das Lob. * Denn sein Schweigen ist für uns Anlaß zum Lied, * und sein Tod Anlaß zum Leben * und sein Weggehen Anlaß uns zu versammeln [4], und sein Entschlummern Anlaß zu wachen und zu lobsingen.

5 Unser Mund sei eine Quelle des Dankes, * daß diese müden Füße, die überall sich abmühten [5], * nirgend anderswo sich ausstreckten und zur Ruhe kamen * als hier bei uns. Selig bist du, unser Land, * ob der Gabe, die uns gegeben wurde: der Schatz seiner Gebeine [6]!

IV. Str. 1 - 3 beginnen mit *'Ē*, 4 - 5 mit *Pē*, 6 mit *Ṣâdē*, 7 mit *Qōf*, 8 mit *Rēš*, 9 - 11 mit *Šīn*, 12 - 13 mit *Taw*. Str. 1 - 5: Der Schatz des Grabes des Saba in Edessa. 6 - 7: Es kommt neu hinzu zum Grab der Martyrer Ḥabīb, Guryâ u. Šmōnâ. 8 - 12: Edessa Mesopotamien, die Heimat des Abraham u. der elf Stammeshäupter u. damit indirekt auch Christi. 13: Saba möge beim Gericht für den Verfasser Fürbitte einlegen.

[1] Zu diesen Stufen vgl. *Parad.* 2, 11 - 13. Hier auch der Ausdruck *meṣ'âyâ* (mittlere); zu *mâkkâ(tâ)* vgl. *Parad.* 5, 6.

[2] Vgl. bereits Hy. 1, 5.

[3] Hier sind damit offenbar die Einsiedler u. Mönche gemeint, die zu den Mönchssiedlungen des Heiligen kamen u. zu denen der Verfasser nicht gehört.

[4] Festversammlungen der Kirche Edessas, wie das Folgende zeigt.

[5] Geht wohl auf seine Wanderungen in der Wüste u. auf seine Pilgerfahrt zum Sinai.

[6] Syr. *sīmat garmaw*. In *CNis*, 42, 1 spricht das Resp. von der Macht in den Gebeinen (*garmē*) des Apostels Thomas, die ein Kaufmann von Indien nach Edessa brachte u. nach *CNis*, 42, 3 hat

6 Sein Nacken nahm auf sich das Ein(siedler) [1] Joch. * Und doch ziemte es sich, daß zwei unter ein Joch gespannt werden. * Der müde Stier [2] suchte daher einen Gefährten, * einen ihm verwandten (Und so sind es nun zwei :) Der Martyrer, der den Flammentod erlitt [3] * für unseren Herrn, und Saba (der Greis), der gesiegt hat für Christus!

7 Erhebe dich, unser Land, erfülle deine Gelübde an deinen Festen! * Denn siehe es erschallen in dir wie Posaunen die Feste * des Guryâ [4] und des Ḥabīb und des Šmōnâ [10], * und hinzugekommen ist (jetzt) für dich der schöne Saba. * Die Stimme seiner Posaune, eine neue (Fest)versammlung, siehe sie erklingt für dich.

8 Tausende von Zungen mögen danken für unser Land, * in dem Abraham wanderte und sein Sproß Jakob, * Sara, Rebekka, Lia und Rachel * und die elf Stammeshäupter [5]. * Aus deinem Schatz ist Sion reich geworden in den Söhnen Jakobs.

9 Der Name unseres Landes übertrifft den Namen des Nachbarlandes. * Hier wurde nämlich Levi geboren, der Ahnherr der Priester, * und Juda, der Ahnherr des Königtums, * und der jugendliche Joseph, der auszog * und zum Herrn Ägyptens wurde. Im Licht, das von dir (ausging), erstrahlte der Erdkreis.

10 Denn die neue Sonne, die in der Schöpfung aufging, * (stammt) von Juda, der in unserer Gegend geboren wurde. Und in unserem Land * ging sie auf und sie bewegte sich fort (im Kreislauf der Tage) [6] und ihr Licht leuchtete auf * aus Bethlehem. Wie aus dir erstrahlte * der Anfang, so möge in dir das Ende (über)reich werden!

dieser Schatz (*sīmtâ*) den Bösen arm u. Edessa reich gemacht. Daß der Apostel Thomas im Folgenden nicht genannt wird, ist auffällig. In *CNis*, 33, 12 scheint von Thomas u. Addai die Rede zu sein.

[1] Syr. *nīrâ īḥīdâyâ*, wobei das Folgende die Grundbedeutung des *īḥīdâyâ* zeigt (einzig nur einer, allein), die zur Bedeutung Einsiedler geführt hat. Vgl. Anm. zu Hy. 2, 13.

[2] Syr. *tawrâ lâyâ*; genau so auch in *HdF*, 20. 15, aber dort für das gespaltene menschliche Herz, das sich für zwei Joche geteilt hat. In *de ieiun.* 10, 3 wird Moses *tawrâ pallâḥâ* genannt, der sich ereiferte gegen das träge Kalb der Sünde.

[3] Syr. *d-īqed meṭul Mâran.* Nach dem ältesten syr. Kalendarium in Br. M. add. 12150, fol. 253 r (aus dem Ende des 4. Jahrh.) zum 2. Ilūl erlitt Ḥabīb das Martyrium des Feuers. In der Beschreibung seines Martyriums in CURET. *Ancient Syriac Documents*, 85, 3 steht der gleiche Ausdruck : *īqed hwâ* (ebenso : BEDJAN, *Acta Martyrum* I, 158, ult.).

[4] Nach dem eben zitierten Martyrium des Ḥabīb legte man Ḥabīb zu den Martyrern Guryâ u. Šmōnâ in das Grab, in dem sie beigesetzt waren (CUR. l.c. 84, 7). In *CNis* 33, 13 heißt es, daß « in Guryâ u. Šmōnâ u. in ihrem Genossen Ḥabīb Martyrer uns besucht haben. »

[5] Elf Söhne Jakobs in Mesopotamien geboren (ohne Benjamin) gegen *Gen.*, XXXV, 23 - 26

[6] Syr. *etyabbal*; vgl. dazu *Pr. Ref.* I, 22, 38 (*yubbâlâ* der Sonne d.i. der gleichmäßige Ablauf der Tage).

11 Der Fluß [1] aus unserem Land tränkte alle Himmelsgegenden. * Denn aus ihm kam Abraham, der mächtige Strom. * Er ließ fließen Quellen und Bäche * und Brunnen; und aus diesem Strom * floß und kam auch das riesige Meer, das in ihm verborgen war [2].

12 Es erhebe sich wiederum dein Horn ob der Menge der Heiligen! * Und weil die Schönheit des Saba von uns schied, * so erbittet von unserem Herrn, daß sein Tod reiche (Früchte trage) * in seinen Schülern [3], daß ihr in den Vielen * ihn wiedersehen möget, indem sie ihm gleichen in Siegen!

13 Betet für euch alle [4], meine Geliebten! * Denn das Gebet vieler besitzt Kraft * und das Gebet einer Gemeinschaft wird gern erhört * vom Herrn der Gemeinschaft. Auch du, unser Vater, * tritt ein für mich, daß ich das Leben finden und Lob spenden werde dem, der dich erwählt hat [5]!

Ende des vierten (Hymnus) auf Yulyânâ Sâbâ

V

Fünfter (Hymnus) nach der Melodie : Gott, auf den du hofftest

1 Gott sprach zu Daniel : * « Geh hin zum Ende und ruhe und werde auferweckt » [6]!

Responsorium : Lob sei deinem Herrn bei deinem Gedächtnis!

2 Symbolisch hat er dies gesagt, um zu zeigen, daß der Tod * wie Schlaf [7] die Müden zur Ruhe bringt [8].

3 Es regte sich das Mitleid des Gütigen und er schenkte den Tod, * der in seinem Haus zur Ruhe bringt den, der müde ist. [8]

[1] So nach der vorgeschlagenen Ergänzung einer Textlücke.

[2] Christus als der Sproß Abrahams; vgl. *CNis*, 43, 3.

[3] Zu denen der Verfasser nicht gehört wie das anschließende « wir » beweist, das auf die Christen Edessas geht.

[4] Nach der Necrosimahs. « für mich ».

[5] Die Fürbitte des Heiligen ist hier ephrämisch auf das Gericht eingeschränkt.

Mit Hy. V beginnt eine zweite Gruppe von Hymnen gleicher Melodie, Hy. V - XVII. Die beiden ersten sind akrostichisch (einmal das ganz Alphabet), die übrigen dagegen nicht, nur daß im letzten (XVII) die Str. 3 - 20 plötzlich wieder akrostichisch mit den letzten Buchstaben des Alphabets (*Rēš* bis *Taw*) beginnen. Inhaltlich trägt Hy. V rein einleitenden Charakter. Er spricht ganz allgemein, im Stil des 2. Teils der CNis vom Tod u. den Menschen.

[6] *Dan.*, XII, 13 (Peš).

[7] Zum Schlaf des Todes vgl. *CNis*, 70, 18.

[8] Vgl. *CNis*, 66, 3 u. 12.

4 Denn wenn er Knecht ist, dann zerreißt er ihm seinen Schuldbrief; * und ist er Freigeborner, dann nimmt er ihm seine Sorge.
5 (Der Tod) reicht jedem Bedrängten [1] die Hand. * Aus dem Haus der Leiden [1] führt er ihn hinaus.
6 Er besiegt die Macht des Fiebers * und befreit davon die Gequälten.
7 Er bringt zur Ruhe die Sorge des Entleihers, * der sich abquält mit Kapital und Zinsen.
8 Er hört auf jeden, der ihn ruft [2]. * Wenn aber er ruft, dann lügt er nicht damit.
9 Und wer will und wer nicht will, * (jeder) wird in seinem Hause Gast sein.
10 Und wer nähme so bereitwillig auf * wie der Tod, die Wanderer, die zu ihm kommen ?
11 Und Klein und Groß gelten dort gleich viel; * König und Niedriggestellter unterscheiden sich nicht [3].
12 Nur die Schuldlosen lachen über ihn, * weil sie sich vor seiner Macht nicht im geringsten fürchten.
13 Die Gerechten haben sich den Tod zum Knecht gemacht, * Sie schlafen und er bemüht sich, über sie zu wachen [4].
14 Der Tod gibt acht, daß nicht verloren gehe * auch nur ein Stück vom Gebein der Söhne des Himmelreiches.
15 Er glaubt [5] nämlich, daß die Zeit gekommen sei [5], * die Pfänder [6] dem Allbelebenden zurückzugeben.
16 (Der Tod) hat das Leben im Sterben besiegt. * Die Toten besiegen den Tod in der Auferweckung.

Ende des fünften (Hymnus) auf Yulyânâ Sâbâ

[1] Die gleichen Wörter in ähnlichem Zusammenhang in *CNis*, 38, 4 u. 68, 16.

[2] Vgl. *CNis*, 52, 13.

[3] Vgl. *CNis*, 38, 2, wo der Tod spricht : « Auf Könige habe ich keine Rücksicht genommen. Durch mich wird die Gleichheit verkündet. Denn Sklaven und Herren mache ich gleich in der Scheol ».

[4] Vgl. *CNis* 55, 15. Der Tod : « Im Schatzhaus liegen mir aufbewahrt alle Toten ». Und *CNis*, 56, 6 : « Ich bin nur Hausverwalter, der die Schätze des Königs bewacht, bis er kommt. »

[5] Ich verbinde *leh* mit *mestbar* u. verweise für die Übersetzung auf *CNis*, 68, 25.

[6] Syr. *gu'lânē*; das gleiche Wort in gleichem Zusammenhang in *CNis*, 37, 3.

VI

Der sechste (Hymnus) nach der gleichen Melodie

1 Es freute sich der Tod. Eilends empfing er den Müden und nahm ihm die Last ab, die lange (getragene).

Responsorium : Dein Gedächtnis ist willkommen dem Segen.

2 Und als (Totenwache) ließ (der Tod) über ihm das Grab verstummen. Denn wer sich abmüht, dem steht das Haus der Ruhe zu [1].

3 Auch seine Waffenrüstung nahm er ihm ab. Denn es gibt keinen Kampf in dem Land, in dem er (nun) wohnt.

4 Abgeschieden ist nämlich jene stille Wohnung [1] und für die Müden zubereitet, die dir gleichen.

5 (Der Tod) hat den Hafen für dich, Müden, zubereitet, der du täglich die Wogen besiegt hast.

6 Denn an dem Tag, da du dich, o Seemann, (zum Sterben) niedergelegt hast, * zu dieser Zeit fanden Ruhe die müden Steuerruder.

7 (Der Tod) gab dir seine Rechte bei deinem Scheiden. * Vom Meer befreite er deinen Lauf.

8 Deine verbrauchte Leier [2] sank in den Staub und ist verstummt, * bis ihr Schöpfer kommen und sie wieder zusammenfügen wird.

9 Ihre Saiten wird er mit Liedern erneuern, [3] * und wie eine Posaune wird sie im Lobpreis erschallen.

10 Der Reichtum des Kaufmanns kam ans Ziel, * und das Meer, das ihn zu besiegen wähnte, wurde beschämt.

11 Dein Licht wird wieder überreich (leuchten) bei der Auferweckung; * über die Strahlen deiner Lampe [4] wird man staunen.

Hy. VI setzt die alphabetische Reihe von V fort, mit Ausnahme von Str. 1 u. 2. Beide Str. sind aber inhaltlich notwendig. Denn sie geben den Übergang von dem allgemeinen Thema in V zu dem speziellen von VI : der Tod u. Julianos. Str. 1 - 7 : Der Tod brachte den müden Heiligen in das Haus der Ruhe, in den stillen Hafen des Grabes. 8 - 15 : Bei der Auferweckung wird seine Leier wieder ertönen, sein Licht erstrahlen, das Öl seiner Lampe überfließen, wird er den bei Gott hinterlegten Reichtum seiner guten Werke mit Zinsen zurückerhalten. 16 - 24 : Der Same seiner Wirksamheit trägt Früchte im bewohnten Land u. in der Wüste (Mönchssiedlungen). 25 : Abschließender Gebetswunsch, den Heiligen bei der Auferweckung wieder zu sehen.

[1] Vgl. *CNis* 66, 12; die Form *nawḥâ* nur noch in *Sermones* II, 4, App. 1, 26.

[2] Vgl. *Parad.* 8, 8.

[3] Vgl. *CNis*, 70, 21 f.

[4] Das gr. *lampēdâ* wie Peš u. VS in *Matth.*, xxv, 1 ff.

12 Fließen wird dein Öl, das du hineingetan hast * in das Gefäß [1] der nicht versiegenden Liebe.

13 Eine Quelle des Öls floß im Horn [2]. * Deine Keuschheit wird hervorfließen bei der Auferweckung.

14 (Gott) wird seinen Schatz öffnen und dich machen * zum Schuldherrn über alles, was du ihm ausgeliehen hast [3].

15 Deine Gebete sind in seinen Büchern [4] eingetragen, * deine Schätze sind in seinen Schatzkammern aufbewahrt.

16 Erhebe dich, unsre Gemeinde [5], und sage vor unserem Herrn Dank dem Greis (Sâbâ) in allem!

17 Vor unserem Herrn bekannten die Landleute [6], * daß du alle guten Beispiele in unser Land gesät hast.

18 Denn du hast uns gezüchtigt in Liebe, ohne Rute, * und ohne Zorn hast du uns zurechtgewiesen und belehrt.

19 Dein Wort war in seiner Ruhe mächtiger * als die beredte Kühnheit der Weisen.

20 Auch dein Schweigen war mächtig; denn Furcht hatte * auch der Verwegene vor dir, o Greis.

21 Durch dich wurde unser Land schön; denn du hast es geschmückt. * Auch die Wüste wurde schön durch deine Mönchssiedlungen.

22 Rasend wurde der Böse, da er sah, wie Jugendliche [7] * zu dem Greis (Sâbâ) in die Wüste eilten.

23 Die Jugend hat die Begierden verachtet und aufgegeben, * und sie lernen Keuschheit in den Mönchssiedlungen [7].

24 Das soll uns genügen als Trost, * daß du lebend und tot in unserem Land bist.

25 Lob sei deinem Herrn am (Tag) deines Gedächtnisses. * Und bei der Auferweckung mögen wir würdig sein, dich zu sehen!

Ende des sechsten (Hymnus) auf Yulyânâ Sâbâ

1 Das Wort von *Matth.*, xxv, 4 (Peš u. VS).

2 Syr. *qarnâ*; gemeint ist wohl *qarnâ d-mešḥâ* von 1 *Reg.*, X, 1 (3 *Reg.*, I, 39). Vgl. dazu *Virg.* 6, 1.

3 Vgl. Anm. zu *Abr. Kid.* 5, 23.

4 Vgl. *Sermones* I, 3, 39.

5 Syr. *kenšâ*. Ist hier schon die Mönchsgemeinde angeredet? Von Mönchssiedlungen ist erst in Str. 21 die Rede, wo bewohntes Land u. Wüste nebeneinander stehen.

6 Wohl übertragen zu verstehen. Vgl. *Jul. Saba* 21, 19. Um an das Vorangehende anzugleichen ist man versucht, das *awdīw* in den Impt. *awdaw* zu korrigieren.

7 Für diese Jugendlichen käme der Ephräm der edessenischen Zeit kaum mehr in Frage!

VII

Der siebte (Hymnus) nach der gleichen Melodie

1 Du gingst hinweg, unser Vater [1]. Laß uns nicht verwaist zurück! * Deine (Für)bitte beschütze uns nach deinem (Weggang)! [2]

Responsorium : Siehe deine Wahrheit, deine Liebe schmückt dich!

2 Durch Wahrheit und Liebe erstrahlte Saba. * Zwei lobwürdige Flügel schuf er sich.

3 Seine Werke trugen ihn wie Flügel, * geistige Flügel [3], Schwingen aus Licht [5].

4 Einen Bau, dessen Baumeister der Trug ist, * tragen die Fundamente des Irrtums.

5 Bereitet ist seine Höhe zum Sturz. * Denn nicht trägt die Wahrheit seinen Bau.

6 Ein Baum, den seine Früchte nicht geschmückt haben, * ist nichts; denn nichts ist an ihm.

7 Wenn auch seine Zweige ganz gesund sind, * man tadelt ihn, wenn keine Früchte an ihm sind.

8 Und ein Mensch, mag er auch recht(gläubig) sein, * er versagt ganz, wenn der (gute) Lebenswandel fehlt.

9 Es pflanzte Saba den (Baum) der Wahrheit in seinen Sinn. * Die guten Werke machte er zu seinen Früchten. [6]

10 Doch ist ein gutes Werk ohne Liebe [7] * auch selber eine Frucht ohne Geschmack.

VII. Str. 1 : Der verstorbene Vater möge uns weiterhin beschützen durch seine Fürbitte. 2 - 3 : Wahrheit u. Liebe, die Flügel, die Saba emportrugen. 4 - 5 : Wahrheit als Fundament seines Baues. 6 - 11 : Seine guten Werke als Früchte des Baumes des wahren (Glaubens) u. der Liebe. 13 - 15 : das Kreuz Christi in Saba als Schatz, aus dem er reich wurde. 17 : Sein Schatz blieb verborgen u. unverdorben durch Stolz. 18 - 19 : Der Duft Christi im Heiligen traf seine Umgebung u. möge auch den Verfasser treffen.

[1] Vgl. Hy. 4, 13. Ob auch hier noch hinter dem « unser » die ganze edessenische Gemeinde steht oder ob es schon auf die Mönchsgemeinde einzuengen ist, bleibt unklar. Für die Einengung scheint Str. 18 zu sprechen.

[2] Im Gegensatz zu Hy. 4, 13 ist hier die Fürbitte nicht auf das Gericht eingeschränkt!

[3] Syr. *geppē d-rūḥâ* wie in *HdF*, 2, 5.

[4] Syr. *ebrē*; zu *ebrâ* (penna) zusammen mit *geppâ* vgl. *HdF*, 53, 12.

[5] Syr. *nahīrâ*; man würde metrisch *nuhrâ* oder (vgl Hy. 8, 13) *nūrâ* erwarten.

[6] Vgl. *HdF*, 80, 7.

[7] Für Fasten u. Liebe vgl. *de ieiun.* app. 3, 7. Zu *quštâ* u. *ḥubbâ* vgl. 10, 6 ff. Vgl. ferner 1 *Cor.* XIII, 3.

11 Saba mischte (daher) Liebe in seinen Lebenswandel. * Guten Geschmack goß er in seine Früchte.
12 Sein Herr trug das Kreuz hinaus, * den Lebensbaum, den Schatz aller Früchte.
13 Wer sah (je) ein so einzig(artiges) Holz, * in dem verborgen ist der Schatz aller geschmack (vollen Früchte).
14 Es heftete Saba das Kreuz hinein in seinen Körper. * Sein Wille wurde für ihn das Kreuz [1].
15 Es trug sein Herr sein Kreuz als seinen Reichtum. * Zu den Völkern brachte er sein Schatzhaus.
16 Vom Schatz seines Herrn wurde der Knecht reich [2]. * Zum Hafen brachte er glücklich seinen Handelsgewinn [2].
17 Es vergrub Saba seinen Reichtum in seinem Innern. * Seinen Schatz verbarg er vor dem Stolz.
18 Dein Geist, mein Herr, der wohlduftende [3], wohnte in ihm. * Und durch seinen Umgang gab er uns viel von (diesem) Duft.
19 Da ich von dem Schatz seiner Wohlgerüche handelte, * möge der Duft seiner Gewürze in mich dringen!

Ende des siebten (Hymnus) auf Yulyânâ Sâbâ

VIII

Der achte (Hymnus) nach der gleichen Melodie

1 Wer sah (je) einen Mann, der Handel trieb * und seine Schätze in seinem Körper tragend hinwegging!
Responsorium : Siehe dein Reichtum ist vor dir, o Seliger!
2 Nicht neigte er seine Schulter dem Mammon. Nicht wurde er dafür gewonnen, Sklave des Geldes zu sein.
3 Seine Freiheit versklavte sich nicht selber. * Sein Wille lehnte es ab. verkauft zu werden.
4 Die eine seiner Schultern trug das Fasten, * auf die andre lud er die Gebete.

[1] Vgl. *Adr. Kid.* 13, 11 u. 17 f. mit Anm.
[2] Unvermittelt stehen wie vielfach auch bei Ephr. Gnade u. Verdienst nebeneinander.
[3] Syr. *mbassamtâ* (*rūḥâ*); vgl. 2 *Cor.* II, 15 (*rēḥâ basīmâ*).
VIII. Str. 1 - 14 : Der Heilige trug seine Verdienste u. guten Werke am Körper u. dessen Gliedern, Schultern, Augen, Ohren, Herz, Händen. 15 - 18 : Der Schatz seiner Armut.

5 Er trug die Reichtümer auf allen seinen Sinnen [1], * und in seinen Gliedern [1] führte er überreich seine Schätze mit sich.

6 An den Propheten hatte er seine Freude und an den Aposteln. * Seine beiden Augen liebten die zwei Zierden.

7 Und seine beiden Ohren bereitete er * in Eintracht zur (Aufnahme) der zwei Testamente.

8 Sein ein(ig)es Herz [2] schenkte er dem einen Wahren. * Denn Wahrheit und Lüge wohnen nicht zusammen.

9 Seine Rechte zeichnete das Lichtkreuz. * Auf der Stirne errichtete er das strahlende (Kreuz) [3].

10 Die Kenntnis der Wahrheit war in seinem Herzen * und auf seine Brust legte er den Beryll [4].

11 Er gab seinem Ohr das Wort, die Perle [5]. * Schätze des Geistes waren in seinem Denken.

12 Er neigte und senkte seinen Nacken vor dem Joch. * Seine Demut erhielt die Halskette [6].

13 Das Brot des Lebens war Feuer in seiner hohlen Hand. * Geist und Feuer hielt er umschlossen in seinen Händen [7].

14 Diese Schätze waren verborgen * in seinem Dienst [8], für den Einsichtigen.

15 Schätze waren verborgen in dem Körper * dessen, der sich willentlich selber arm gemacht hat.

16 Unser Herr pries selig die Armen [9]. * Das ist die Armut, durch die Saba reich wurde.

17 Durch ihn, den Armen, möge reich werden mein Wort! * Aus seinen Schätzen möge er reich machen mich Armen!

[1] Syr. *regšē* u. *hadâmē*, bei Ephr. fast identisch; vgl *HdF*, 37, 17; *CH*, 45, 7; vor allem *Pr. Ref.* II, 47, 11 (*etbaqqâ b-hadâmayk hânaw dēn b-regšayk*).

[2] Zu dem (un)geteilten Herzen vgl. *HdF*, 20, 14 ff.

[3] Syr. *l-zalīqâ*, was vielleicht in *la-zqīfâ* zu korrigieren ist. Vgl. *CNis*, 69, 21 : bei der Auferstehung wird das Kreuz des (Paradieses) lichtes seinen Glanz auf sie fallen lassen, weil sie sich hier mit seinem Symbol bezeichnet haben. Vgl. auch Hy. 14, 6.

[4] Wie die Perle der folgenden Str. ist sicher auch der Beryll symbolisch zu verstehen. Bei Ephr. ist in *CH*, 42, 10 die Jungfräulichkeit der Beryll im Körper (hier wird der Körper des Gerechten ein geistiger Pfau genannt, der seinen Schmuck an seinen Gliedern trägt) u. in *HdF*, 86, 9 ist der Glaube der Beryll. Für letzteres spricht der Parallelismus zur ersten Strophenzeile.

[5] Vgl. dazu ausführlicher *HdF*, 83, 9 f.

[6] Syr. *hâmnēkâ*, das Wort der Peš in *Gen.*, XLI, 42 (Kleidung des erhöhten Joseph); vgl. *Sermones* II, 3, 307.

[7] Vgl. *HdF*, 10, 14.

[8] Syr. *pulḥânâ*; vgl. Hy. 21, 16 : Dienst (Arbeit) im Weinberg des Herrn.

[9] Vgl. *Matth.*, v, 3 (*Luc.*, VI, 20).

18 Gott hat ihn reich gemacht in seinem Leben. * Lassen wir sein Lob reich werden in unserem Herzen!

Ende des achten (Hymnus) auf Yulyânâ Sâbâ

IX

Neunter (Hymnus) nach der gleichen Melodie

1 Mit großem Gewinn bist du fortgegangen, unser Vater [1]. * Auf, zeige die verdoppelten Talente [2]!

Responsorium : Sieh deine Mühe ist der Kranz deines Alters!

2 Wer sah (je solch) einen staunenswerten Lauf: * Der Greis (Saba), der nie des Wachens satt wurde!

3 War in sein Auge oder in seinen Geist * das Wachen der Engel [3] gemischt?

4 Denn fünfzig Jahre wie ein Tag, * Nacht und Tag war er ans Kreuz geheftet [4].

5 Ein Wunder : Körper und Geist * dienten einander in Gesundheit!

6 Denn körperlich war er ganz gesund * und geistig ganz stark.

7 Nicht herrschten Leiden in jenem Körper * und nicht erschlaffte Niedergeschlagenheit seinen Geist.

8 Und wenn das Brot es ist, das Gesundheit gibt [5]: * drei Wochen lang entzog er es seinem Mund!

IX. Str. 1 - 4 : Das engelgleiche Wachen des Heiligen, fünfzig Jahre lang. 5 - 9 : Auch bei drei Wochen langem Verzicht auf Brot körperlich u. geistig gesund. 10 - 11. Seine Audauer beschämte den zähen bösen Feind. 12 - 17 : Er schwor niemals. Seine Wahrhaftigkeit bedurfte des Schwures nicht. Aufforderung, ihn hierin nachzuahmen.

[1] Vgl. zu dieser Anrede Hy. 7, 1.

[2] Syr. *kakrē*, wie Peš in *Matth.*, xxv, 15 ff. (VS fehlt).

[3] Syr. *'īrūtâ d-'īrē* (das Wachen der Wachen). Vgl. *Abr. Kid.* 9, 24 mit Anm. Im Resp. zu Hy. 16 wird der Sg. *'īrâ* (Christus) mit der *'īrūtâ* des Heiligen verbunden.

[4] Syr. mit den Synonyma : *zqīf âf ṣlīb*. Daß dabei die Vorstellung der Ausdauer im Vordergrund steht, zeigt das *zqīfūtâ* von Str. 10. das mit Festigkeit wiedergegeben wird, unter Berufung auf das *ezdqef* von *GETon.* 108, 7 (auf etwas bestehen, Br. perseverare). Von den fünfzig Jahren weicht die Vita (Theodoret, *rel. hist.* MG, 82, 1313 C, gleich Bedjan, *act. mart.* VI, 391, 9) mit ihren 58 Jahren (*oktō kai pentēkonta, ḥamšīn wa- tmânē*)etwas ab. Wenn ein andrer Hy. auf Jul. Saba (der sich nicht in der Hymnensammlung findet) in der Nekrosimahandschrift Z (fol. 13 v) von vierzig Jahren spricht, so sind diese leicht aus dem anschließenden Vergleich mit dem vierzigtägigen Fasten des Moses u. des Elias zu erklären.

[5] Vgl. *HdF*, 80, 9.

9 Und sein Herr, der seine Bereitschaft sah, * waffnete mit Gesundheit seinen Arbeiter.

10 Es zitterte der Böse beim Anblick der Festigkeit [1] * der Säule, die seiner nicht überdrüssig wurde.

11 Der Böse wurde überdrüssig des langwierigen (Kampfes). * Ihn, den Ausdauernden [2], machte seine Ausdauer erfolglos.

12 Er hielt seinen Mund frei vom Schwören [3]. * In unserem Mund hat es sich eingenistet : wir schwören.

13 Er liebte die Wahrheit des Ja, ja und des Nein, nein. * Mit (dieser) heiligen Waffe vertrieb er den Schwur.

14 Sein Wort hielt man für einen Schwur. * Denn in ihm waltete die Wahrheit

15 Deine Wahrheit, mein Herr, möge walten in meinen Worten * und des Schwörens möge ich micht enthalten, jeden Tag!

16 Ein Kind ist, wer nach dem Schwören verlangt. * Deine Vollkommenheit möge uns, Kinder, (des Schwörens) entwöhnen!

17 Gepriesen sei, der seine Wahrheit in unsre Worte goß, * damit sie der Schwüre überhaupt nicht mehr bedürfen!

Ende des neunten (Hymnus) auf Yulyânâ Sâbâ

X

Der zehnte (Hymnus) nach der gleichen Melodie

1 Zwei Waffen vereinte der Selige * und legte sie an wie eine einzige im Kampf.

Responsorium : Siehe dein Herr schmückte dich mit Siegen.

2 Er machte die Wahrheit [4] zu seinem rechten Arm * und die Liebe [4] zu seinem linken.

[1] Vgl. Anm. 4 p. 59.

[2] Syr. *amīnâ*. In *CNis*, 55, 24 sagt Satan, daß er mit *amīnūtâ* statt *ḥaylâ* den Kampf führe u. siege.

[3] Zu dem Verbot des Schwörens vgl. *SdF*, 3, 220 mit Anm. Daß Ephr. trotzdem selber einmal ein Schwurformel gebraucht (*CH*, 21, 14) wird im Testament zur Sprache kommen, wo die Schwüre sich häufen.

X. Inhalt : Der Selige hat Wahrheit und Liebe in vorbildlicher Weise vereint.

[4] Syr. *quštâ* (in Str. 6, 13, 16, u. 17 *šrârâ*) u. *ḥubbâ*, wobei Liebe offenbar zunächst die Liebe zu Gott u. Christus ist, in Str. 16 f. die Liebe Christi zu uns wird. Zur Verbindung beider vgl. *Parad.* 6, 6 (*šrâreh d-bar nâšâ* u. *ḥubbâ*) u. *Parad.* 6, 25 (*ḥubbâ* u. *yulpânâ* verbunden mit *quštâ*) u. vor allem *Virg.* 39, 11 : Christus stieg herab u. du pflanztest *šrârâk b-gaw lebban ḥubbâk b-re'yânân.*

3 Dies sind die himmlischen Arme, * die die Athleten im Kampf brauchen.
4 Es sind erstaunliche Arme, die (schon) in der Ferne * ausgebreitet [1] den Feind stürzen.
5 Mit ihnen besiegten die Gerechten Satan, * den Starken [2], der Helden in die Knie zwingt.
6 Wahrheit ist nämlich zuinnerst mit Liebe verbunden * und Liebe mit Wahrheit.
7 Brüder sind sie, in Eintracht verbunden * und getrennt waren sie nicht und werden sie nicht sein.
8 Wo also Liebe sich nicht findet, * dort ist auch die Wahrheit eingesperrt.
9 Traurig ist die Wahrheit, weil sie allein * ohne Liebe im Herzen wohnen (muß).
10 Traurig sind beide, weil sie nicht sehen * ihre Brüder, die Werke der Keuschheit [3].
11 Sie gleichen den Strahlen [4] : die breiten sich aus * und ziehen sich zusammen mit der Sonne [4].
12 Dort nun, wo unser Herr aufging, * da lassen sich zugleich auch die Strahlen nieder.
13 Und wo unser Herr unterging und sich entfernte, * da bleiben auch nicht Wahrheit und Liebe.
14 Aufging unser Herr im Körper des Seligen, * dem Haus der Seele [5], das in Strahlen erglänzte.
15 Von dem Licht, das in seinem Herzen sich niederließ, * leuchtete hell auch sein Antlitz.
16 Deine Wahrheit, mein Herr, möge aufgehen in unserem Verborgenen * und deine Liebe möge verkündet werden durch unser Sichtbares!
17 Gepriesen sei die Macht, die uns Menschen in Armen trägt [6]! * Wahrheit und Liebe haben uns gestützt im Lebenswandel.

[1] Trotz der abweichende Ausdrücke liegt wohl *Ex.*, XVII, 8 ff. zugrunde.

[2] Syr. *ḥasīnâ*, das Wort von *Marc.*, III, 27.

[3] Syr. *nakpūtâ*. *Zu nakpūtâ* u. *ḥubbâ* vgl. Hy. 22, 7.

[4] Syr. *zalīqâ* u. *šemšâ*. In *HdF*, 73, 1 ff. sind sie ein Bild für Vater u. Sohn, hier für Christus u. Wahrheit u. Liebe.

[5] Das gleiche Bild in *CNis*, 69, 15 von der Seele, die bei der Auferweckung wieder ihr Haus betritt. Von dem Aufgehen der Sonne (Christi) im Körper des Seligen hier ist die Inkarnation zu unterscheiden, von der es in *Nat.* 3, 7 heißt, daß Christus unsre Seele zur Braut nahm u. unseren Leib zum Zelt für seine Verborgenheit machte.

[6] Im Syr. das Verb *dara'* (*Pa''el* oder *Pe'al*, nicht *Af'el* wie Br.) mit der Bedeutung wie in *GETon*, 126, 29 : die Mutter des Moses trägt ihr Kind, das sie von der Tochter des Pharao zurückerhalten hat, in ihren Armen nach Hause.

18 Gepriesen sei, der die beiden Säulen aufgerichtet hat * im Körper, dem Tempel des Heiligen Geistes [1]!

Ende des zehnten (Hymnus) auf Yulyânâ Sâbâ

XI

Der elfte (Hymnus) nach der gleichen Melodie

1 Die Demut Sabas ist sein Kranz. * Mit der Mühe seiner Füße besuchte er viele [2].

Responsorium : Gepriesen sei der Erhabene, der die Demütigen erhob!

2 Über den Schmutz der Füße des Seligen * lagerte sich auch noch der Staub des Weges.

3 Und zu dem langen (engelgleichen) [3] Wachen * fügte er die harte Mühe der Wege.

4 Obwohl er zu Fuß ging, war er geehrter * als der (Vornehme), der auf seinem Wagen sitzt.

5 Reiche, die ihre Reittiere geschmückt hatten, * stiegen vom Pferd ihm entgegen, der zu Fuß ging.

6 Der Wagen wird ganz verächtlich. * Denn das Gehen erhob die Demütigen.

7 Nicht erhebt so das Reittier seinen Besitzer * wie Demut die Heiligen erhob.

8 Fürwahr geringer wird durch den Wagen * die Ehre und das Lob eines Demütigen.

9 Denn sich selber erniedrigt, ohne es einzusehen, * unser [4] Prahlen, das die Demut vernichtet hat.

10 Für uns [4] schirrt man auf Erden den Wagen an, * während unser Herr die Cherubim verließ [5] und herabstieg.

[1] Syr. *hayklâ d-rûḥ qudšâ*, wie Peš in 1 *Cor.* VI, 19.

XI. Inhalt : Das Beispiel des Heiligen, der demütig zu Fuß ging, veranlaßt eine Polemik dagegen, daß « wir » zu Wagen reisen.

[2] Der Verf. denkt also hier nicht an die tagelangen Märsche hinein in die Wüste, von denen die Vita berichtet, sondern an Wege wie sie in *Abr. Kid.* 12, 17 von diesem Eremiten berichtet werden : er dehnte seine Wege aus... um Bescheid zu geben jedem, der ihn rief.

[3] Soll das pleonastische *d-ʿîrūtâ* wiedergeben, das hier zu *šahrâ* tritt; vgl. oben Hy. 9, 3.

[4] Dieses « uns » bleibt ganz unbestimmt. Kleriker oder auch Mönche?

[5] Vgl. *Nat.* 18, 5.

11 Und während unser Herr vom Wege ermüdet (am Brunnen) saß [1], * tragen uns eilige Pferde.
12 Weil wir nicht die Mühe des Demütigen nachahmten, * spottet jeder über uns wegen des Wagens.
13 Und daß es häßlich ist, daß wir verachtet haben * (diesen) Spott in der Liebe zum Wagen,
14 (das beweist Folgendes :) Simon (durfte) mit unserem Herrn auf dem Meer wandeln [2], * weil er mit ihm auf dem Land zu Fuß gegangen war.
15 Preis sei dir, der du die Demütigen erhöhst! * Denn sie siegen überall mit dir.
16 Für den Sünder ist seine Sünde ein Verlust, * und ist er stolz, dann ist sein Schaden noch größer.
17 Wenn Stolz schon für Gerechte ein Schaden ist, * dann ist er für uns ein Schuldbrief.
18 Und wenn der Reine trotz seiner Reinheit demütig ist, * was soll dann der Häßliche stolz sein bei seiner Häßlichkeit?
19 Schmücke, mein Herr, auch mich in deiner Güte! * Denn meine Sündenschuld hat mir Verachtung gebracht.
20 Lob dem, der die Demütigen erhöht * und dessen Mitleid die Sünder nicht verschmäht!

Ende des elften (Hymnus)

XII

Der zwölfte (Hymnus) auf Yulyânâ Sâbâ nach der gleichen Melodie

1 Die Demut Sabas *war ein Abbild * der Söhne der Wahrheit, die zu Fuß (das Evangelium) verkündeten.
Responsorium : Deine Demut erhöhe dich im (Himmel)reich!
2 Und die Erde freute sich sehr über sie, * die mit ihren Fußtapfen sie schmückten.

[1] Syr. *b-urḥâ l(')ī w-īteb*; geht offenbar auf *Jo.*, IV, 6 : *l(')ē hwâ men 'amlâ d-urḥâ w-īteb.*

[2] Matth., XIV, 28. Peš : *w-hallek 'al mayâ*, VS : *mhallek hwâ'al mayâ*. Hier : *b-yammâ mhallek hwâ.*

XII. Fortsetzung des Themas von dem demütigen Saba, der zu Fuß ging, wie die Apostel (1 - 2), u. wie Christus (3 - 4). Darum die Verklärung Christi (6), die Himmelfahrt des Elias (7) u. das feierliche Tragen des Heiligen bei seinem Tod (8 - 10). Die Wolke wird ihn bei der Auferweckung emportragen (11). Die Macht der Demut (12). Schlußbitte u. Doxologie (13 - 15)

3 (Die Erde) wird gesegnet durch die Spuren der Gerechten. * Die Fußtapfen unseres Erlösers haben sie gesegnet.
4 Unsre Erde freute sich über den Seligen, * der demütig auf ihr wandelte.
5 Sein Herr ist auf (dem Rücken) des Wortes der Wahrheit * und der Niedrigkeit geritten, (wie) wir lesen.
6 Die Demut der Füße unseres Erlösers * hat die Lichtwolke [1] im Triumph getragen.
7 Die Demut der Füße des Elias * hat der Wagen [2] im Triumph getragen.
8 Die Demut deiner Füße, o Saba, * haben Heilige auf (ihren) Schultern im Triumph getragen.
9 Denn dreißig Meilen weit haben in der Wüste * (ihre) Schultern den Demütigen feierlich getragen.
10 Und am Tag, da man ihn begrub, * trugen sie ihn auf ihren Händen [3] zum Grabe.
11 Die Wolke wird sich neigen bei der Auferweckung * sie wird seine Demut in Herrlichkeit erhöhen.
12 O wie groß ist die Macht der Demut, * die so sehr die Demütigen erhöht hat!
13 Mich aber, mein Herr, haben die Sünden erniedrigt. * Möge mich die Demut deines Anbeters erhöhen!
14 Weil meine Zunge seine Demut verherrlicht hat, * möge das Gebet aus seinem (Mund) mich Schwachen erhöhen!
15 Gepriesen sei, der Raum gab für Anlässe, * daß Böse durch Gute sich schmücken (können)!

Ende des zwölften (Hymnus) auf Yulyânâ Sâbâ

[1] Syr. *ʿnânâ d-nuhrâ* wie VS in *Matth.*, XVII, 5, gegen Peš : *ʿnânâ nâhīrta*, was gegen das Metrum wäre.

[2] Das Wort der Peš in 4 *Reg.*, II, 11.

[3] Syr. *ʿal passē d-īdayhōn* (auf ihren flachen Händen), wohl zum Ausdruck der Behutsamkeit u. Ehrfurcht; vgl. *HdF*, 81, 2 (ich legte die Perle auf meine flache Hand, um sie zu betrachten). Vgl. auch den damit wohl verwandten Ausdruck « auf den Fingern der Hand » im *Testament*, Z. 163.

XIII

Der dreizehnte (Hymnus) nach der gleichen Melodie

1 O Einfältiger, der schlau kämpfte, * indem er sich nur Tag für Tag um den Kampf sorgte!

Responsorium : Gepriesen sei, der unser Ende im Dunkel ließ, um uns zu helfen!

2 Die Sorge um das Morgen [1] ist schädlich * (Saba) forderte den Sieg (nur) zur gegebenen Zeit.

3 Seine Lebenstage stahl er sich einzeln. * Klug beraubte er den Dieb [2].

4 Jeder, der denkt, daß sein Kampf lange dauere, * der unterliegt durch sich selber im Kampf [3].

5 Wer aber den (einzelnen) Tag nimmt und zum andern wirft, * der nimmt heimlich, klein um klein [4], den Kampf.

6 Auch der (Lebens) weg wird in Abschnitten heimlich genommen. * Meile um Meile führt er zum (Himmel)reich.

7 (Saba) gab nicht Raum der Erschlaffung * dadurch daß er dem Lauf keine (weite) Ausdehnung gab.

8 Nicht sündigt, wer denkt, * daß der Todesengel [5] hinter ihm steht.

9 ((Saba) glaubte, (nur) einen Tag lang (am Leben) zu bleiben. * Durch den einzelnen Tag schmückte er insgeheim seine Tage.

10 Tag für Tag ist unser Ende in unsrer Nähe. * Schnell ist es gekommen und wir tun nichts.

11 Saba dagegen wurde täglich reicher, * weil er jeden Tag glaubte, sein Ende sei da.

12 Mögen (auch) wir, mein Herr, glauben, daß unser Ende an der Tür steht, * damit an deiner Tür sich unsre Buße finde!

XIII. Str. 1 - 11 : Die Methode des Heiligen, durch den Gedanken, daß jeder Tag der letzte sei, den Kampf zu erleichtern u. Ausdauer zu gewinnen. 12 : Aufforderung, das Beispiel des Heiligen nachzuahmen. 13 - 15 : Persönliche Schlußbitte : Die Fürbitte des Heiligen möge mir die Gnade erwirken, wenigstens den Rest meines Lebens zu nützen.

[1] Syr. *ṣeftâ d-la-mḥâr*. Vgl. *Matth.* VI, 34 : *lâ teṣpūn da-mhâr* (Peš u. VS).

[2] Syr. *gannâbâ*; damit ist wohl die Zeit gemeint. Vgl. *Sermones* I, 4, 181 (die Tage lösen dein Leben auf... wie Diebe u. Räuber stehlen sie die Tage u. plündern sie die Stunden).

[3] Die gleiche Wendung in einem anderen Zusammenhang in *HdF*, 38, 5.

[4] Syr. *b-qalīl qalīl*; vgl. die gleiche Wendung in *Sermones* I, 4, 183.

[5] Syr. *malak mawtâ*; kehrt wieder in Hy. 21, 9. In den Hymnen Ephräms fehlt dieser Ausdruck für ihn steht in *de eccl.* 16, 11 *dâbōrâ*. Das Testament verwendet beide.

13 Auf sein Gebet hin [1] gib mir, daß nicht verloren gehe * der Rest meiner Tage wie alle (übrigen) Tage meines Lebens!
14 Wenn ich auch (nur) eine Stunde [2] arbeiten werde in deinem Weinberg, * möge sie Anlaß für (das Wirken) deiner Güte werden!
15 Gepriesen sei, der den Lohn den Tüchtigen gibt! * Ein Pfennig [3] davon mache reich meine Armut!

Ende des dreizehnten (Hymnus) auf Yulyânâ Sâbâ

XIV

Der vierzehnte (Hymnus) nach der gleichen Melodie

1 Du bist weggegangen, unser Vater [4], und hast (das Vorbild) deines Lebenswandels zurückgelassen, * als Spiegel für den, der auf dich blickt.
Responsorium : Dein Andenken ist von Segen gesegnet [5].
2 In unserem Land stellte Jakob vor die Herde * ein Beispiel für die Schafe und ein Zeichen für die Tiere [6].
3 In unserem Land stelltest du Vorbilder auf für uns Menschen, * das Fasten für die Körper, das Wachen für die Seelen.
4 In unserem Land wirkte Jakob ein Wunder : * er gab ein Kleid den Schafen, die jeden bekleiden.
5 Mit den Stäbchen bildete und bekleidete er * neu in allen Formen seine Lämmer.

[1] Also eine Fürbitte des verstorbenen Heiligen für den lebenden Verfasser. Vgl. dazu Vorwort, XIV.

[2] Vgl. *Matth.*, xx,9.

[3] Syr. *šâmōnâ*. In *Parad.* 4, 10 bittet Ephr., daß jeder der Seligen ihm (beim Gericht) seinen Pfennig (*šâmōneh*) zuwerfen möge, d.h. seine Fürbitte. Hier ist es aber der Pfennig des eignen Verdienstes, wozu *CNis*, 2, 12 paßt : wir zahlen unsre Schulden zurück mit dem Pfennig, den unsre Buße bietet. Vgl. *CNis*, 17, 1.

XIV. Str. 1 - 5 : Das Wirken des Vorbildes des verstorbenen Heiligen wird mit den Stäbchen Jakobs verglichen. 6 - 9 : Saba u. Jakob; die Herden Sabas sind seine Schüler u. die Mönchssiedlungen in der Wüste. 10 - 12 : Saba in der Wüste u. auf dem Berg Sinai, wie Jakob u. Moses. 13 - 16 : Schlußbitte des Verfassers um Lohn für seine Worte.

[4] Vgl. bereits 9, 1 u. 7, 1.

[5] Syr. *dukrânâk brîkâ l-burkâtâ*, mit einem auffälligen Pleonasmus. Vgl. Resp. zu 6, 1 : *dukrânâk rḥīmâ l-burkâtâ*.

[6] Das Beispiel der Stäbchen Jakobs (*Gen.*, xxx, 32 ff.) ausführlicher in *Abr. Kid.* 3, 13 - 17. Vgl. Anm. zu 3, 13.

6 Mit dem Kreuz schmücktest du die Mönchssiedlungen, * mit dem Lichtkreuz [1] gabst du deine vielen Unterweisungen.
7 In der Wüste, in der Jakob die Schafe weidete, * weidetest auch du deine reinen Lämmer.
8 Es weinte unser Land, da Jakob wegzog * und seine Herde ins Land der Verheißung führte.
9 Du hast unser Land mit den Mönchssiedlungen getröstet. * Denn du und deine Herde seid unser (Besitz) [2] geworden.
10 Über dich staunte ich; denn hier und auf dem Berg Sinai [3] * hat dich (Gott) groß gemacht durch die Wohnstätten seiner Heiligen.
11 Denn ganz ahmtest du seine Knechte nach. * Wüste und Berg seiner Gerechten gab (Gott) dir.
12 Mögest du mit seinen Schafen das Reich betreten * und mit seinen Knechten im Paradies zu Tische sitzen!
13 Auch meiner gedenke vor unserem Herrn! * Deine (Für)bitte [4] ist der Anlaß für seinen Willen (zu helfen).
14 Enthalte nicht vor den Lohn der Zunge! * Denn nach Kräften arbeitet sie für deinen Ruhm,
15 Gepriesen sei, der den Lohn der Zunge gibt, * um auch den Mund nicht leer ausgehen zu lassen!
16 Wenn (schon) Worte von dir Lohn erhalten, * dann ist (sicher) deinen Knechten ein Schatz aufgespart.

Ende des vierzehnten (Hymnus) auf Yulyanâ Sâbâ

XV

Der fünfzehnte (Hymnus) nach der gleichen Melodie

1 Mein Geist irrt umher, weil er außerstande ist, * die Weisheit des ungebildeten (Heiligen) zu ermessen.
Responsorium : Gepriesen sei, der groß werden ließ die Weisheit in dem Schlichten!

[1] Syr. *ṣlīb nuhrâ,* wie in Hy. 8, 9; vgl. Anm.
[2] Hier umfaßt das « unser » deutlich die ganze edessenische Kirche.
[3] Die Wanderung zum Sinai wird hier zum erstenmal erwähnt; vgl. Hy. 20.
[4] Die Fürbitte scheint auch hier eine unmittelbare Hilfe bringen zu sollen; erst Str. 16 kann auf das letzte Gericht bezogen werden.
XV. Str. 1 - 2 u. 9 - 14 : Einfalt u. Klugheit des Heiligen. 3 - 8 : Die Klugheit des Heiligen verschmähte Freude u. Lachen nicht.

2 Einfältig war er für das Unnütze, * weise und klug für das Erforderliche.

3 Hoch ist die Stufe des Ehrwürdigen, * und ganz herablassend die Liebe des Milden.

4 Er tat sich weit auf [1], um zu lieben, * um nicht schweigend Stolz zu gewinnen.

5 Heilige Gesetze in seinem Herzen, * und gewinnende Art in seinem Mund.

6 Denn töricht, wer glaubte, * daß auch das Lachen [2] Sabas alltäglich gewesen sei.

7 Klug gewährte er sich selber Freude [2], * um von sich zu stoßen, was nicht nützt.

8 Er verschaffte sich Anlässe zu Freuden [3], * damit nicht Trägheit bei ihm sich finde.

9 Seine Einfalt nach außen war die der Schlichten, * sein Geist im Innern war der von Wissenden.

10 Einfalt zusammen mit Klugheit : * er hatte gelernt, Schlange und Taube nachzuahmen [4].

11 Gepriesen sei, der die Menschen Klugheit lehrte, * um die Schlange zu besiegen, die die einfältigen (Stammeltern) besiegt hat!

12 Gepriesen sei der Gütige, der der Einfalt Weisheit gab! * Klugheit mischte er in sie, damit sie nicht schal werde [5].

13 Gepriesen sei der Gütige, der der Klugheit Schranken setzte! * Einfalt mischte er darein, damit sie nicht grüble [6].

14 Gepriesen sei, der Schlichtheit in die Gerechten goß, * damit der Streit [6] unter den Einfältigen verhindert werde.

[1] Syr. *pšaṭ nafšeh*; der gleiche Ausdruck in *CH*, 48, 8 nach *ḥdī beh w-etpṣaḥ*

[2] Diese Aussagen schaffen einen großen Gegensatz zu dem Idealbild des *abīlâ* (Trauernder, Mönch), das Abraham Kid. nach Hy. 9, 11 ff. verkörperte : Str. 11 : er weinte zu jeder Stunde; Str. 14 : er war immer *abīlâ*; Str. 15 : er machte niemals Gebrauch von Scherz u. Lachen. Die Hymnen Jul. Saba selber sprechen in 2, 2 u. 3, 5 von seiner *abīlutâ*. Und in der Vita heißt es im Zusammenhang mit dem Tod des Julianos Apostata, daß dieser dem Heiligen im Gebet mitgeteilt worden sei ; daraufhin sei er nach dem Gebet zu seinen Schülern gegangen, während sein Gesicht vor Freude strahlte, worüber sich die Schüler wunderten, weil er sonst immer finster blickte (in der syr. Übersetzung, Bedjan, *Acta Mart.* VI, 395, 6 : sie wunderten sich *ʿal ḥzâtâ ḥdattâ da-hzaw beh, amīnâ'īt gēr kmīr hwâ*). Vgl. ferner Hy. 23, 4 - 11.

[3] Im syr. Text steht das von den Wörterbüchern nicht angeführte Nomen des Stammes *ʿdn* wie in *Virg.* 4, 14, *de crucif.* 8, 2 u. *de resurr.* 2, 1 u. 2, 10. Nur wird hier die Korrektur in *ʿuddânē* anscheinend vom Metrum gefordert.

[4] *Matth.*, x, 16. Peš : *ḥakīmē*; VS : *ʿrīmīn*; hier : *ʿrīmūtâ*. Ferner Peš u. VS : *tamīm(ē)īn*; hier : *pšīṭ(utâ)*.

[5] Vgl. *de eccl.* 35, 1 f.

[6] Ausdrücke, die bei Ephräm den Arianismus kennzeichnen.

15 Mische (o Herr) seine Einfalt in meinen Glauben, * und seine Klugheit verbinde mit meiner Schlichtheit!
16 Es werde meine Klugheit zum Salz für meine Schlichtheit * und meine Einfalt zum Schild gegen meine Verwegenheit!

Ende des fünfzehnten (Hymnus) auf Yulyânâ Sâbâ

XVI

Der sechzehnte (Hymnus) nach der gleichen Melodie

1 Gib mir, mein Herr, wenigstens mit Worten * die Werke des Seligen zu erzählen!
Responsorium: Gepriesen sei der Wachende [1], der dein Wachen gestärkt hat!
2 Nicht mögen versiegen die Worte bei mir Armen, * während die Werke deines Athleten strömen!
3 Im Schlaf sind die Augen verklebt. * Er spülte ihn weg von sich mit den Wogen des Wachens.
4 Eine Stunde lang schlummerte [2] er stehend. * Den Schlaf wischte er weg durch sein Wachen.
5 Ein Maß bestimmte er seinem Schlaf. * Er betrog den Schlaf um sein Recht, indem er nicht einmal das gab, was er (mit ihm) abgemacht hatte.
6 Dauert der Tag lang, dann schwächt er uns. * Ist die Nacht kurz, dann versenkt sie uns (in Schlaf).
7 Er dehnte den Tag aus und sein Beten. * Er verkürzte die Nacht und verlängerte seinen Psalmengesang. [3]
8 Während (seines) langen Tages und (seiner) kurzen Nacht * war zu jeder Zeit seine Harfe wach.
9 Im Schlaf, in dem wir begraben liegen, * hat er als Lebender gewacht und gebetet.
10 Sein Mund betete auch auf dem Weg. * Denn (auch) auf den Wegen verließ er nicht seinen Weg.

XVI. Str. 1 - 2: Gebet um Worte für die Schilderung des Heiligen. 3 - 13: Das ständige Wachen u. Beten des Heiligen. 14 - 15: Schlußbitte.

[1] Engel, hier singularisch, Christus,

[2] Die Bedeutung des Verbalstammes *tmr* ist nicht belegt. Ich gehe vom Zusammenhang u. von dem Umstand aus, daß eine Verbindung von *temrâ* (Wimper) u. Schlaf in den Sermones *de Joseph vendito*, LAMY III, 375, 14 gegeben ist (*temreh da-nnūm metqannaṭ*).

[3] Vgl. *Abr. Kid.* 4, 22 f.

11 Sein Beten war so beständig * wie das ständige Atmen, das uns am Leben erhält.
12 Geh hinaus und sieh, wie er an das Gebet geheftet war! * Tritt ein und sieh, wie er an das Kreuz des Wachens [1] geschlagen war!
13 Auf, trage seine Last auch nur einen Tag * und bekenne unserem Herrn, welch große Last Saba trug!
14 Nimm an, o mein Herr, meine Worte! Um zu helfen * und um zu nützen seien sie gesprochen vor dir!
15 Nimm an, mein Herr, das Opfer meiner Worte * und mit seinem Opfer werde auch mein Opfer angenommen!

Ende des sechzehnten (Hymnus) auf Yulyânâ Sâbâ

XVII

Siebzehnter (Hymnus) nach der gleichen Melodie

1 Wisset, wen Saba vor allen geliebt hat! * Um mit ihm sein (zu können), haßte er den Umgang mit Menschen.
Responsorium : Dir sei Lob von jedem, der dich liebt!
2 In schrecklichen Felsenhöhlen [2] * betete er vom Morgen bis zum Abend.
3 Seht meine Brüder! Wenn einer etwas liebt, * dann sucht er vor allem andern mit ihm zusammen zu sein.
4 Unser [3] Sinn ist geplagt von (irdischen) Gedanken, * unser Verstand ist entstellt von (irdischen) Sorgen.
5 Denn unser Denken ist auch nicht eine Stunde lang * rein von (irdischen) Dingen.
6 Groß ist also, wer in Reinheit * auf Gott geschaut hat die lange Zeit der Lebenstage.

[1] In *Abr. Kid.* 4, 24 f. ist vom Kreuz des Fastens die Rede.

XVII. Nachdem die letzten drei Str. des vorangehenden Hy. mit *Qōf* begannen, beginnt die 2 Str. dieses letzten der Gruppe V - XVII mit *Rēš* u. ebenso Str. 4 - 7; Str. 8 - 11 beginnen mit *Šīn* u. 13 - 20 mit *Taw* Inhalt : Str. 1 - 5 : Die alles beherrschende Gottesliebe des Heiligen. 6 - 12 : Der Verf. gesteht sein Versagen vor seiner großen Aufgabe, die eine gleiche Heiligkeit erfordern würde. 13 - 15 : Hilfe Gottes u. Eigentätigkeit. 16 - 20 : Das Versagen des Verf. im sittlichen Bereich. Seine Bitte an den Heiligen um seine Fürbitte.

[2] Im Syr. zwei Wörter : *rbī'âtâ m'arē*. Die eine große Höhle, von der die Vita zu Beginn erzählt, heißt in der syr. Übersetzung *pa'râ da- m'artâ* (*Act. Mart.* VI, 381, 9). Doch wohnen in dieser Höhle nach der Vita sehr bald auch seine Schüler u. der Heilige geht, um zu beten, in die Wüste hinaus.

[3] Der Verf. scheint im Namen aller Christen u. nicht speziell der Schüler zu sprechen.

7 Gewaltig groß ist er und noch mehr als das. * Und wie wir seine Größe auch aussprechen mögen, es genügt uns nicht.
8 So schweige auch du, meine schwache Zunge * von den strahlenden Taten des Heiligen!
9 Denn solch reine Dinge : eine Zunge * die selber rein ist, soll sie erzählen.
10 Gut ist es, daß wir uns selber richten, * damit nicht ein andrer kommt und uns verspottet.
11 Gut ist es, daß Ankläger wird * der Mensch für sich selber vor (der Zeit) seines Gerichtes.
12 Erkenne dich selber, arme Zunge! * Kein andrer wird weise werden durch deine Torheit.
13 Lob sei dem Gerechten, der gerecht * dem hilft, der ihn zu Hilfe ruft!
14 Beschämt verstumme unsre Freiheit! * Denn obwohl sie könnnte, will sie nicht siegen.
15 Lob sei dem, der dir Saba, geholfen hat! * Er half und du siegtest [1].
16 Ich staunte, mein Herr, daß mein Wille und der Wille * des Bösen sich gegen mich verbündet haben.
17 Ich staunte, mein Herr, daß der Böse listig ist gegen mich * und auch mein Wille listig und gespalten [2] ist gegen mich.
18 Es stelle sich meine Freiheit gegen meinen Gefährten (den Bösen), * damit mein Wille ganz mit deinem Willen überein stimme!
19 Lob sei dir von jenem, mein Herr, der gebrochen hat * alle (seine) Willensregungen und deinem Willen sich gefügt hat!
20 Er bete für meine Freiheit, * daß ich mit meinem Willen deinem Willen gehorche [3]!

Ende des siebzehnten (Hymnus) auf Yulyânâ Sâbâ

[1] Wie in den vorangehenden Str. die Hilfe Gottes u. die menschliche Freiheit nebeneinanderstanden so hier « er » (Gott) u. « du » (Mensch), was im Syr. durch die Stellung der Pron. besonders betont wird : *d-hū ʿâdar âf att etnaṣṣaḥt.*

[2] Das gleiche Wort im gleichen Zusammenhang in *HdF*, 20, 14 f.

[3] Also ein Fürbittgebet des Heiligen, das in diesem Leben Hilfe bringen soll!

XVIII

Der achtzehnte (Hymnus) nach der Melodie : Der gütige Vater und Herr der Schöpfung

1 David beweinte den König Saul. * in seiner Klage zeigte er seine große Liebe. * Er hatte ihm, obwohl Verfolger, das Leben gerettet [1]; * er klagte über seinen Tod [2], obwohl Mörder.

Responsorium : Unser Herr, gib, daß wir uns bei der Auferweckung sammeln und ihn sehen (dürfen) im (Himmel)reich !

2 Dieser dein Tod ist Leben. * Und trotzdem bereitet er uns Schmerz. * Das Band der Liebe zwischen dir und deinen Schülern war * wie die Liebe des David und Jonathan [3].

3 Auch den Samuel beweinte das Volk, * auf dessen gewaltiges Rufen der Donner sprach [4]. * Das Gebet, das rein emporstieg, * der Höchste antwortete ihm mit Donner.

4 Und wenn Josias in Frieden entschlief, * warum sprach der Prophet Jeremias : * « Alle gerechten Männer und Frauen * sollen wehklagend weinen über Josias [5] » ?

5 Kleinmütig sind wir geworden o Seliger. * Denn dein Gebet für uns ist verstummt [6]. * Der Getreidehaufen [7], der den Besitzer des Feldes erfreut hat, * diese freudige Ernte bedeutet für uns Leid

6 Ein König beweinte Elisäus [8], * weil er erlebt hatte, daß sein Gebet [9]

XVIII. Der erste Hy. einer neuen Gruppe mit eigner Melodie (XVIII - XXIII) ist alphabetisch, beginnt aber in Str. 1 mit *Dålat*, 2 *Hē*, 3 - 4 *Waw*, 5 - 7 *Zayn*, *Ḥēt*, *Ṭēt*, 8 - 9 *Yōd*, 10 - 11 *Kåf*, 12 - 15 *Låmad*, *Mīm*, *Nūn*, *Semkat*, 16 - 18 *'Ē*, 19 - 23 *Pē*, *ṣådē*, *Qōf*, *Rēš*, *Šīn*, u. 24 - 26 *Taw*. Str. 1 - 19 : Der Tod des Heiligen u. die Folgen für seine Schüler verglichen mit dem Tod Sauls, Samuels, Josias, Elisäus, Josues, Elias, negativ mit der Rotte Kores u. wieder positiv mit dem Tod des Lazarus. 20 - 26 : Der Schmerz der Trennung ; seine Gemeinde soll sich mit dem Glauben an die Auferstehung trösten.

[1] Vgl. 1 *Reg.*, XXVI, 9 ff.

[2] Vgl. 2 *Reg.*, I, 17 ff.

[3] Vgl. 2 *Reg.*, I, 26.

[4] Vgl. 1 *Reg.*, XII, 18.

[5] 2 *Par.*, XXXV, 25. Wörtlich Peš, nur statt *nebkōn* Impt. (*bkåyēn*).

[6] Die Worte erinnern sehr an Hy. 2, 17 u. scheinen ein Fürbittgebet des Verstorbenen für die Lebenden nicht zu kennen ; vgl. auch Str. 7.

[7] Syr. *gdīšå* ; das seltene Wort erscheint hier zum erstenmal.

[8] Vgl. 4 *Reg.*, XIII, 14.

[9] Vgl. 4 *Reg.*, VI, 17.

ein Schatz des Lebens ist. * Und obwohl er Waffen und Heere besaß, * erst der Prophet hatte seinen Heeren Macht verliehen.

7 Gar siegreich ist der Glaube; * denn er ist der Panzer [1] der Einfalt. *Und obwohl unsre Gemeinde die Rüstung trägt, * der Schild [2] ist [3] dein Gebet für uns alle.

8 Dein Todestag unterbrach den Weg. * Nicht (mehr) schwebt dein Flügel über unsren (Mönchs)siedlungen. * Jesus, der in dir uns heimsuchte, * seine Kraft möge wandeln in unsren Siedlungen!

9 Als Josue, der Sohn des Nun, starb, * verteilte er Leben statt Besitz. * Denn er sagte: « Ich gehe hinweg. * Haltet das Gesetz, damit es euch (am Leben) erhalte » [4]!

10 Täglich hast du uns das gelehrt, * die Wahrheit zu bewahren in unsren Gliedern, * damit unsre ganze Gemeinde darin erhalten würde. * Denn sie ist eine Kraft, die den bewahrt, der sie bewahrt.

11 Jesus zeigte, daß die ganze Erde [5] * diesen Weg des Todes geht. * Der eine geht ihn in Reueschmerz. * Selig bist du; denn deine Wegzehrung [6] erfreut dich!

12 Auch über Elias hat, als er emporgeführt wurde, * sein Schüler geklagt, daß er von ihm schied [7]. * Und obwohl er wußte, wohin er emporgestiegen war, * vermißte er seinen Umgang und seine Hilfe.

13 Wer von uns wüßte nicht, * daß dein Geist [8], mein Herr, zu deinem Herrn weggeführt wurde. * Und während für dich der Tod der Anlaß der Auferweckung ist, * betrübt (der Verlust) deines geliebten Umgangs deine Söhne.

14 Das Zeichen der Schar des Kore ist nicht bei dir (zu finden). * Weil sie eine Abtrennung schufen durch ihre Streitigkeiten * und weil sie eine Spaltung schufen auf Erden, * spaltete sich die Erde und verschlang sie [9].

[1] Syr. *talbeštâ* u. nicht *šeryânâ* (*Eph.*, vi, 14).

[2] Syr. *sakrâ* das Wort von *Eph.*, vi, 15, wo aber *sakrâ* mit *haymânūtâ* verbunden ist.

[3] Im Syr. ein reiner Nonimalsatz; man könnte daher auch « war » übersetzen u. die Stelle kann das in Str. 5 aufgeworfene Problem nicht lösen.

[4] Vgl. *Jos.*, XXIII, 2 ff.

[5] Ist damit *Matth.*, xvix, 35 (*Luc.*, xxi, 33) gemeint (coelum et terra transibunt ?)

[6] Die guten Werke Vgl. Hy. 21, 18; *Abr. Kid.* 5, 3; *Sermones* I, 1, 155 mit Anm.

[7] Vgl. 4 *Reg.*, II, 12.

[8] Syr. *rūḥâ*, hier nicht trichotomisch sondern gleich *nafšâ*. Vgl. *Abr. Kid.* 3, 15; *CNis*, 29, 35. *Parad.* 8, 11 spricht von der *nafšâ* im Vorparadies. Sachlich vgl. *Phil.*, I, 23.

[9] Das Verb von *Num.*, XVI, 30.

15 Saba war auf der Hut [1] vor dem Kampf * und dem Streit der Schriftgelehrten [1], wie geschrieben steht. * Der Apostel sah ihn voraus [2] und tat ihn kund * den wütenden Disput, der in unserer Generation [3] entstand.

16 Von Lazarus sprach unser Herr : « Diese * Krankheit ist nicht zum Tod ». [4] * Denn in ihm verherrlichte sich der Allbelebende. * Die Stimme des Lebendigen wurde zum Schlüssel für sein Grab.

17 Vom zweiten Lazarus laßt uns sagen, * daß auch dieser Tote « nicht zum Tode ist ». * Denn wie Lazarus ist er eingeladen * zum großen Tisch des (Himmel)reiches.

18 Es weinten die Augen der drei, * unseres Herrn, der Martha und der Maria, ihrer Schwester [5]. * Und wenn schon der Allbelebende in seiner Liebe Schmerz empfand, * wer wird dann die Liebe von Sterblichen zum Schweigen bringen !

19 Der Mund der Schwestern beklagte * Lazarus, der nur kurz in der Scheol verweilte. * Wer kann entbehren den Umgang * mit dem Toten, der seinen Geliebten (für immer) verloren ging !

20 Die ganze Gemeinde verlangt nach dem Gespräch * mit jenem Haupt, das von seinen Schülern schied. * Die Augen dürsten, die Ohren verlangen, * und es ist, wie wenn unsre Seele an seiner Seele hinge.

21 Kommt schnell, meine Brüder, laßt uns Trost finden * aus dem Schatz voll von Trost ! * Denn fern sei es von unserem Herrn, daß er ewig * es der Scheol gestatten würde, uns zurückzuhalten [6].

22 Es wird das Erbarmen im Herrn des Alls erglühen * und die Gebeine werden sich regen in den Gräbern. * Der Lebendige wird aussenden [7] den Schall seiner Posaune [7] * und sein Klang wird das Tor der Scheol öffnen.

23 Springen werden die Toten, um entgegenzueilen * den Lebenden, die übrig sein werden [8] für jene Ankunft. * Die Lebenden werden herbeieilen um zu umarmen * jeder seinen Toten, wenn er dessen würdig ist.

[1] Das Zitat ist offenbar : Hütet euch vor den Schriftgelehrten », *Marc.*, XII, 38 (*Luc.*, XX, 46), Peš : *ezdahr(ū) men sâfrē*, hier : *zhīr hwâ men sâfrē*. Die Erweiterung : (*men*) *taktōšâ w-ḥeryânâ* geht auf den arianischen Streit, da auch *sâfrē* von den arianischen Theologen ausgesagt wird, vgl. *HdF*, 35, 2 u. 51, 4 u. 9.

[2] Vgl. 1 *Tim.*, IV,1.

[3] Zum arianischen Streit in « unserer Generation » vgl. *HdF*, 1, 1; 9, 1; 10, 19; *SdF*, 2, 34.

[4] *Jo.*, XI, 4 u. zwar mit VS : *l-mawtâ*, gegen Peš : *d-mawta*.

[5] Vgl. *Jo.*, XI, 33 f.

[6] Auch hier bleibt der Trost des im Himmel fürbittenden Heiligen unerwähnt !

[7] Die Wörter von *Matth.*, XXIV, 31 in der Peš : *šaddar, šīpōrâ* (in VS : *šaddar, qarnâ*).

[8] Der Ausdruck von 1 *Thess.*, IV, 17.

24 Mögest du uns für würdig halten, o unser Herr, an jenem Tag, * an dem Saba auferweckt werden wird in hellem Glanz, * auch wenn sein Rang hoch über uns liegt, * seine Liebe zu uns Kleinen möge nicht unbelohnt bleiben !

25 Mögest du auch mir den Lohn für meine Lobpreisung geben, * daß er am Tag, da das Gericht über mich stattfinden wird, mich nicht unbeachtet lasse. * Durch ihn möge nicht geschmälert werden der Ruhm * der Seite der Gerechten, zu denen ich meine Zuflucht nahm !

26 Mögest du unsre Stimmen unter die Stimmen unserer Toten mischen, * damit wir dich loben mit unseren Geliebten ! * Tote, die wieder auflebten, Lebende, die nicht starben, * sie alle mögen in dir deinen Vater loben !

Ende des achtzehnten (Hymnus) auf Yulyânâ Sâbâ

XIX

Der neunzehnte (Hymnus) nach der gleichen Melodie

1 Es liegt, mein Herr, in der Natur, * daß Menschen, wenn sie ihre Geliebten beweinen, * Typen beibringen für ihre Verstorbenen, * Beispiele und Gleichnisse für ihre Toten.

Responsorium : Dir sei Lob, o Sohn des Allerbarmers, daß dein Knecht den Gerechten des alten (Bundes) gleicht !

2 Entsprechend dem Sieg dessen, der verschied, * bringt man das Beispiel vor, * ...... *......

3 ...... *...... * wenn er würdig ist jenes Lobes * der Gerechten und Rechtschaffenen, mit dem man ihn verglich.

4 Wenn nun aber die Liebe (sogar) einen Häßlichen * mit Schönen vergleicht und nach ihnen benennt, * wie (muß) dann mit den Schönen verglichen werden * deine Schönheit, o Sieger !

5 Ist jener, der entschlief, ein Reicher, * dann nennt man ihn zusammen mit den (reichen)Besitzern. * Und ist der Verstorbene ein Kaufmann, * dann vergleicht man ihn mit Kaufleuten.

6 Wie oder woher werden wir also * Vergleiche bringen für dich, du Glaubens(held) ? * Aus dem Schatzhaus deiner Genossen * wollen wir Typen bringen für dich, du Athlet.

XIX. Str. 1 - 10 beginnen mit *Âlaf*, 11 - 12 mit *Bēt*, 13 mit *Gâmal*, 14 - 18 mit *Dâlat*. Inhaltlich scheinen die leeren Ausführungen über den Vergleich von Toten mit berühmten Männern ein Nachtrag zum vorangehenden Hy. zu sein (Str. 1 - 10). Es folgt ein eignes Thema : Die Kirche des Saba auf dem Berg Sinai (Str. 13 - 18).

7 Wenn unter Asketen : du bist der Siegreiche. * Wenn unter den Vollkommenen : du bist der Überragende. * Du gleichst (überall) durch deinen Lebenswandel den Helden, * und von ihnen werden wir für dich auch den Vergleich bringen.

8 Wenn einer auf dich blickt, dann sieht er * den reinen Lebenswandel der alten Gerechten, * und in den Schönen ist dein Wandel abgebildet. * Laßt uns daher das Bild ihrer Vergleiche bringen!

9 Ist nun einer darüber erzürnt, * dann genügt uns seine Erregung, um über ihn aufzuklären. * Sein Zorn sei wie ein Spiegel, * und in ihm werde seine Häßlichkeit zur Schau gestellt!

10 Wer aber darüber sich freut * der ist ein Baum, der süße Frucht brachte [1]. * Und die von ihm (stammende) Frucht bezeugt, * daß in seinen Zweigen Süßigkeit wohnt [2].

11 In der Wüste entschlief der herrliche Saba. * Moses, den die Stämme beweinten, * entschlief in der Wüste, die gewaltige Säule, auf der die Last des Lagers ruhte.

12 Auf dem Berg Sinai wurde dir gegeben * und für Tausende von Jahren aufbewahrt * die reine Höhle der Herrlichkeit des Vaters. * Und du hast die Kirche gebaut für die Herrlichkeit des Sohnes [3].

13 Die Beschnittenen sind stolz auf den Berg Sinai. * Doch bis zur Erde hast du sie gedemütigt. * Gewaltig ist diese Botschaft : * Siehe auf dem Berg des Vaters die Kirche des Sohnes!

14 Auch gegen die Leugner spricht das, * die Christus in Gegensatz zum Gesetz gebracht haben. * Denn siehe (jetzt) liest man auf dem Berg Sinai * beide Testamente in großer Liebe!

15 Von Gott (stammt), mein Herr, jener Eifer * um jene Kirche, die du auf dem Berg Sinai bautest. * Denn alle Symbole des vergänglichen Zeltes * sind in der Kirche Christi zur Erfüllung gekommen [4].

16 Von Gott (stammt) es. Denn (Gott) beschämte (damit) * alle (Irr)lehren zusammen mit den Kreuzigern [5]. * Denn auf Sinai vollendete er * alles Neue und Alte.

[1] Vgl. *Matth.*, VII, 17 (*Luc.*, VI, 43).

[2] Die merkwürdig leere Anwendung des Bildes an dieser Stelle wird besonders klar, wenn man seine Verwendung in *HdF*, 77, 16 zum Vergleich heranzieht.

[3] Zu dieser hier sehr äußerlich angeknüpften Einzelheit aus der Vita des Heiligen vgl. bereits Hy. 14, 10 - 12. Die Vita berichtet darüber nur kurz : in der Höhle, in der Moses Gott zu schauen gewürdigt wurde, baute er eine Kirche u. nachdem er dort den Altar geweiht hatte (*qaddeš madbḥâ*), der bis heute steht, kehrte er in seine Siedlung zurück.

[4] Diese Str. wird von Philoxenos zitiert; vgl. Vorwort zum Text, VII.

[5] Syr. *zâqōfē*, als Ausdruck für die Juden wie in *HdF*, 8, 6; 17, 8; 24, 11; 39, 1; 87, 10.

17 Von Stein ist das Herz dessen, der zweifelt, * daß es zwei heilige Berge gibt. * Siehe, eine Kirche des Erstgebornen auf dem Berg Sinai * und auf dem Berg Sions, Golgotha [6].
18 Daß mit dem vergänglichen Zelt verwandt ist * der Bau, den du auf dem Berg Sinai aufführtest * ...... * ......

XX

(Der zwanzigste Hymnus nach der gleichen Melodie)

1 (Text zerstört)
Responsorium : Ehre sei dem Sohn, dessen Frohbotschaft auch auf dem Berg Sinai in einer Kirche verkündet wird!
2 Klein ist der Bau des großen Moses. Denn die Zeit jenes vergänglichen Zeltes verging. * Groß ist der Bau des kleinen Saba. * Denn er baute dort eine Kirche der (unerschütterlichen) Wahrheit [1].
3 Moses errichtete den Opferaltar * und sprengte darauf das Blut von Tieren. * Saba errichtete den heiligen Altar * und brach dort auf ihm den lebendigen Leib [2].
4 Die Wolke breitete sich aus über der Herrlichkeit * jenes vergänglichen Zeltes [3], das Moses schuf. * Der Heilige Geist stieg dort herab * auf jene Lebensarznei, die Saba brach [4].
5 Nicht ist ein Mann größer als der andre. * Moses ist hervorragend und geehrt. * Doch Christus ist größer als Sohn des Herrn [5], * und größer ist sein Testament... [6]

[6] Vgl. zum (Heiligtum auf) Golgotha *contra Jul.* 4, 25.

XX. Die ersten zwei Str. scheinen das *Dâlat* von 19, 14 - 18 weiter zuführen. Doch bricht dann die alphabetische Reihe völlig ab. Inhaltlich setzt der Hy, das Thema von 19, 11 - 18 fort. Str. 2 - 18 : Moses u. Saba auf Sinai: Bundeszelt u. Kirche; Opferaltar u. eucharistischer Altar; die steinernen Tafeln u. die Tafeln des Geistes; Sabbatgesetz; die Wolkensäule nur über dem Volk, die christliche Wahrheit über allen Völkern; Verstoßung des Volkes u. Erwählung der Völker. Str. 19 - 21 : Abschließende Warnung (ohne jeden ersichtlichen Zusammenhang mit dem Vorangehenden), die Worte des Sprechers nicht nach eignem bösem Willen zu verdrehen.

[1] Syr. *šrârâ* (firmitas u. veritas).

[2] Syr. *qṣâ pagrâ* als Ausdruck für die Eucharistiefeier vgl. *CH*, 22, 21; 27, 3; 42, 6. Saba Priester ? ! Vgl. Hy. 21, 20 !

[3] Vgl. *Ex.*, XL, 34.

[4] Vgl. *HdF*, 10, 12.

[5] Syr. *a(y)k bar Mârâ*. Vgl. *a(y)k Brâ* in *Hebr.*, III, 6.

[6] Schon der Schluß dieser Str. ist zerstört. Die Ergänzung kann nicht fraglich sein : als das Alte

6 (Text zerstört)

7 Moses stand rein * auf jener reinen Höhe des Berges Sinai. * Und sein Herr zeigte ihm die Bilder [7]. * jenes heiligen Zeltes das er dort schuf.

8 Und Saba stand betend * in der reinen Höhle des Berges Sinai. * Und plötzlich kam ihm in den Sinn * die Kirche, die Bilder und die Maße.

9 Moses schuf das vergängliche Zelt * mit (Hilfe) der Kraft vieler und ihrer Schätze [1]. * Saba baute die heilige Kirche * mit der Kraft von wenigen und von Fastenden.

10 Moses brachte die steinernen Tafeln herab * zum Volk mit dem steinernen Herzen [2]. * Die Söhne des Saba schrieben die Wahrheit * auf die unsichtbaren Tafeln ihres Geistes [3].

11 Während Moses auf dem Berg anbetete, * betete drunten das Volk das Kalb an. * Saba betete an auf dem Gipfel des Berges, * dort wo auch Moses angebetet hatte und verklärt worden war [4].

12 Moses gedachte auf dem Berg Sinai * des Abraham und Isaak, um durch sie erhöht zu werden. * Saba hat in der Kirche auf dem Berg Sinai * des Moses gedacht, um durch ihn erhöht zu werden.

13 Moses gab auf dem Berg Sinai * den Sabbat der Ruhe, damit er zu seiner Zeit (gelte). * Und einer der vergaß und Holz sammelte [5], * war der Anlaß für die Quasten [6] an den Kleidern.

14 Es sah Moses vom Berg Sinai aus, * daß nur über dieses eine Volk von allen Völkern * sich jene Wolkensäule erstreckte, * die ihren Schatten von allen Völkern weggezogen hatte.

15 Es stand Saba auf dem Berg Sinai * und staunte über die Synagoge, daß sie allein * wie das Vlies trocken blieb [7] * von dem Tau, der die ganze Erde befeuchtet hat.

16 Saba las und erwähnte dort * das Wort das an der gleichen Stelle Moses gesprochen hatte : * « Ein stinkender Name werden sie am Ende sein ». [8] * Das ist der Name den sie jetzt tragen.

[7] Verb u. Nomen wie in *Ex.*, XXV, 9, nur Pl. (*demwâtâ*) *statt des* Sing.(*dmūtâ*).

[1] Vgl. *Ex.*, XXV, 2 ff.

[2] Syr. *lebbâ d-kēfâ* wie *Ez.*, XI, 19 (XXXVI, 26).

[3] Syr. *b-lūḥē kasyâtâ d-reʿyânayhōn*; vgl. *de eccl.* 43, 3 (*lūḥē d-tarʿītâ*) u. 43, 5 u. 10 : *lūḥē stīrâtâ*. Vgl. *Sermones* I, 3, 393 ff. u. oben *Abr. Kid.* 11, 15 ff.

[4] Syr. *ezdhī* wie in *Ex.*, XXXIV, 29.

[5] Nonem u. Verb von Num., XV, 32.

[6] Das Wort von *Num.*, XV, 38.

[7] *Judic.*, VI, 40.

[8] *Ex.*, XXXII, 25. Peš : *d-nehwōn šmâ saryâ ba-ḥrâythōn*: Hier : *šmâ saryâ hâwēn b-ḥartâ*.

17 Dort gedachte er des Wortes des Hocherhabnen : * « Laß mich sie vertilgen * und ich werde dir ein größeres und vorzüglicheres Volk geben,» [9] * (nämlich) das, von dem jetzt der Erdkreis erfüllt ist.

18 Moses stellte die Schlange auf in der Wüste, * und wer auf sie blickte [10]. wurde geheilt. * Saba errichtete das Kreuz auf dem Berg * und die Seele wird durch (das Kreuz) vom Irrtum befreit.

19 Höre aber nicht. o Bitterer, * (diese) reinen Worte nach deinem Willen ! * Denn dadurch irrt jeder, der irrt, * daß er die Wahrheit nach seinem Willen hört.

20 Laßt uns die Worte der Wahrheit mit wahrhaftem Sinn * hören als Verständige ! * Denn der Hörende muß * den Willen des Sprechenden in seinen Worten suchen.

21 Wende also nicht nach deinem Willen * die Worte, die ich nach meinem Willen gesprochen habe ! * Nicht sollen dir meine Willen(sabsichten) schmecken * nach der Bitterkeit die deinem Willen entspringt !

Ende des zwanzigsten (Hymnus) auf Yulyânâ Sâbâ

XXI

Der einundzwanzigste (Hymnus) nach der gleichen Melodie

1 Siehe dein Anblick, o Saba, verwirrt mich ! * Denn eine Menge von Bildern seh ich in dir. * Siehe es bedrängt mich die Menge deiner Schönheiten * und jede einzelne hält meinen Blick fest.

Responsorium : Lob sei Gott, der dir beistand, und (so) gingst du fort aus der Welt mit allen Siegen (gekrönt).

2 Die Brücke der Begierden [1] hattest du abgebrochen. * Ein gewaltiger Abgrund (war) zwischen dir und ihnen. * Wer wird von deinen Siegen erzählen (können), * der du das (irdische) Leben mit seinen Gewohnheiten abgelegt hattest !

3 Nicht (erst) jetzt hast du es abgelegt, * im Tod, da jeder Mensch es ablegt. * Schon vor deinem Abscheiden warst du abgeschieden * und vor deinem Tod schon tot [2].

[9] Vgl. *Ex.*, XXXII, 10.

[10] Das Verb von *Num.*, XXI, 9.

XXI. Str. 1 - 3 : Die verwirrende Menge der Tugenden des Heiligen. Ihre Grundlage : das der Welt Gestorbensein. 4 - 15 : Unterschied zwischen dem Tod der Heiligen u. dem der übrigen Menschen, der Sünder. 16 - 23 : Die Ernte, der Sieg des Einsiedlers in der Wüste.

[1] Das Bild wird nicht klar ausgeführt. Vgl. vielleicht *Sermones* II, 4, 206, wo die Dirne sich Brücke für den Satan nennt.

[2] Vgl. die etwas abweichende Durchführung des gleichen Themas in *Abr. Kid.* 13, 12 - 24

4 Wer (das Leben) abgelegt hat, bevor er stirbt, * dessen Herz ist freudig bei seinem Hinscheiden. * Wer aber sein Leben (erst) bei seinem Tod ablegt, * für den ist der Tag des Hinscheidens bitter.

5 Durch das Ende, durch das wir sterben, * gewinnen die Reinen ein neues Leben. * Und durch den Tod, der uns hinausführt aus dem Leben, * gehen die Gerechten weg in ihre Heimat.

6 Nicht ziemt es sich, daß wir über euch weinen. * Euch steht es zu, über uns zu weinen. * Denn ein unnützes Leben leben wir, * wie (umgekehrt) bei dir [1] (o Saba) sogar dein Tod Leben ist.

7 Unser Herr, der über Lazarus weinte [2], * hätte sich freuen sollen, da er ihn erwecken wollte. * Er sah (aber) dort (alle) Lebenden und Toten [3]. * Über sie weinte er an Stelle des Lazarus.

8 Die Lust hier (auf Erden) wandelt sich * in Furcht und Qual in der Stunde des Todes. * Doch bei dem Leid und der Last des Asketenlebens * kam deine Seele zur Ruhe, als sie weggeführt wurde.

9 Groß ist unser Schmerz. Denn schrecklich ist für uns * der Todesengel [4]. Doch euch ist er willkommen. * Und wenn schon der Tod für dich eine Freude war, * wer kann dann dein großes Glück fassen?

10 Auf beiden Seiten haben wir Qual : * hier Furcht und drüben Strafe [5]. * In beiden Welten hast du Freude : * hier dein Lob und drüben deine Herrlichkeit.

11 Nichts nahmst du (von dieser Welt); * es genügte dir hier der gute Name [6]. * Dieser wurde dir (so) hinzugegeben * zu der Verheißung, die dir bereitet ist.

12 Den Übeltäter, auch wenn er keine Qual erleiden sollte, * betrübt hier der schlechte Name. * Die Schmach hier ist für ihn hinzugefügt * zu jener Qual, die ihm bereitet ist.

13 Vor deiner Verheißung erhob dich (schon) * jene gute Hoffnung, die du hegtest. * Umgekehrt peinigt den Sünder * die Furcht, die wie eine Motte [7] in ihm liegt, jeden Tag.

[1] Eine sehr unvermittelte Rückkehr zu Saba. Der gleiche Wechsel von « euch » zu « für dich » noch einmal in Str. 9.

[2] Vgl. *Jo.*, XI, 35.

[3] Vgl. *Sermones* I, 6, 141 ff.

[4] Syr. *malak mawtâ*; vgl. bereits zu Hy. 13, 8.

[5] Vgl. *Abr. Kid.* 15, 9 mit Anm.

[6] Vergl. zu diesem « Namen » gleich Ruf *Abr. Kid.* 5, 1 u. 6.

[7] Syr. *sâsâ*. Das Bild ist auffällig. In *HdF*, 30, 8 ist die Motte der (böse) Wille, in *HdF*,87, 4 das Disputieren, in *Virg.* 5, 13 die Weichlichkeit u. in *CNis*, 40, 5 anscheinend die Sorge um das Irdische.

14 Vor dem Gericht sind wir (schon) in das Gericht eingetreten : * dieFurcht vor dem Gericht richtet uns schon. * Vor der Auferweckung hast du (schon) Eden betreten. * Denn der Gedanke an das Paradies trieb dich an.

15 Die Furcht vor den Schulden, die uns peinigt, * ist das Unterpfand jener Qual der Gehenna. * Und die gute Hoffnung ist für die Guten * das Unterpfand der Freude jenes (Himmel)reiches.

16 Du weiltest in der Wüste und es gediehen deine Früchte. * Denn nicht wehte dort der Glutwind. * Es gefiel deine Arbeit dem Herrn des Weinbergs, * dein Gebet gab Frucht zu seiner Zeit.

17 O Winzer, der gearbeitet und gepflanzt hat * den Baum des Lebens [1] in seinem Geist! * Die Wahrheit sproß und faßte feste Wurzeln in dir * und gab in dir die Früchte aller (deiner) Siege.

18 In der Wüste, die den guten Samen vernichtet, * brachte dein guter Same hundertfältige (Frucht) [2]. * Aus deinem Ertrag wurde für dich bereitet * viele Reisekost [3], die mit dir wegging.

19 Es erwarben die Landleute (Anteil) an dem guten Samen * deines Glaubens, der Lebensähre [4]. * Nicht genügten dir deine Scheunen. * Dein reiner Getreidehaufen [5] ist in der Scheune de Lebens. [6]

20 Du warst der Landmann des lebendigen Brotes [7], * du warst der Winzer [8] des neuen Weines. * Denn du brachst das lebendige Brot * und gabst auch den Kelch des Heils [9].

21 In der Wüste lebte auch Johannes * und er vernichtete und vertilgte die Begierden. * In der Wüste verdorrte, vertrocknete und verwelkte * der Keim der Sünde in deinen Gliedern.

22 Du wohntest in der Wüste und zogst herum und siegtest, * Dein Wagen erstrahlte wie der des Elias. * In die Wüste führtest du deinen Feind, * um ihn im gewaltigen Lauf dort zu ermüden.

[1] Syr. *īlân ḥayyē*, was bei Ephr. symbolisch das Kreuz (*HdF*, 84, 1) oder Christus (*Virg.* 49, 8 ; *Nat.* 1, 32) bedeutet.

[2] Das *ḥad ba-m(')â* von Peš u. VS in *Luc.*, VIII, 8

[3] Vgl. Hy. 18, 11 mit Anm.

[4] Auch hier weicht die Bedeutung des Bildes ab von *Nat.* 4, 31; *Virg.* 31, 14; *Nat.* 24, 17. Der Glaube wird in *HdF*, 20, 4 mit der schlichten Weizenähre verglichen.

[5] Hier steht nicht das seltene *gdīšâ* wie oben in Hy. 18, 5 sondern das auch bei Ephr. häufige *karyâ*. Vgl. *CNis*, 26, 2.

[6] Syr. *awṣar ḥayyē*, wie *HdF* 38, 12 zusammen mit *karyâ*.

[7] Auch dieses Bild ist sehr auffällig auf den die Eucharistie ausspendenden Heiligen bezogen, während es bei Ephr. auf Christus selber geht wie in *Nat.*, 3, 15; 8, 7 u. 18, 20.

[8] Auch hier : *pallâḥâ* ist in *HdF*, 12, 7 u. 15, 9 Christus selber

[9] Julianos Saba war also nach den Hymnen Priester. Vgl. Hy. 20, 3.

23 Er floh von dir, weil er unterlag. * Und er wandte sich gegen uns, Schwache. * Und siehe er führt uns nach seinem Willen * Im bewohnten Land [10] fängt er uns Träge.

Ende des einundzwanzigsten (Hymnus) auf Yulyânâ Sâbâ

XXII

Der zweiundzwanzigste (Hymnus) nach der gleichen Melodie

1 Wo soll ich dich suchen, o unser Hüter [1]? * Denn deine Wege sind von uns abgeschnitten. * Auf stürmischem Meer fahren wir. * Und wer wäre für uns wie du in den Fluten!

Responsorium : Jesus möge uns Arme schmücken, er, durch den auch du, unser Vater. dich geschmückt hast [2]!

2 Dein Wort (war)ein Schiff für den, der es erwarb * um seine Rettung zu finden in den Wogen. * Durch dich wurde unsre Zwietracht befriedet. * Dein Friedenswort hat sich von uns getrennt.

3 Durch dich wurden die Erzürnten versöhnt. * Doch nun schwand von uns deine versöhnende Stimme. * Der Schatz, der uns Bedürftige lockte, * durch deinen Handel lebten wir in Überfluß.

4 Auch nur ein Hauch deines Wachens ist für uns, mein Herr, eine Last. * Gewichen ist von uns dein Wachen. * Dein Gebet möge das Herz deiner Söhne aufwecken, * daß es nicht einschlafe nach deinem Tod!

5 Bei deinem Tod, mein Herr, hast du uns, deine Geliebten, * bei dem Herrn hinterlegt. * Dein Gebet erinnere an unsre Bewahrung. * damit dein Andenken unter deinen Schülern wachse.

6 Unsre Kleinheit wuchs durch dich, mein Herr. * Doch es schied die Stimme deiner Unterweisung von uns. * Dein Gebet öffne den Mund dein-

[10] Der Verfasser auch dieses Hymnus ist also kein Mönch. Vgl. Vorwort, XII.

XXII. Ein durch die Melodie mit den vorangehenden verbundner Hymnus, der aber davon wieder getrennt ist durch die alphabetische Reihenfolge seiner Strophen. Je eine Str. beginnt mit einem Buchstaben, nur mit *Alaf* u. *Yod* zwei u. mit *Semkat* drei. Mit *Pē* bricht die Reihe ab. Inhaltlich spricht hier klar ein Glied der Eremitengemeinde des Saba u. schildert den großen Verlust dieser Gemeinde durch den Tod des Heiligen. Von 4 - 13 wird in jeder Str. die Bitte um das Fürbittgebet des Heiligen ausgesprochen für seine noch lebenden Schüler. Str. 14 - 17 wenden sich dagegen unmittelbar an Christus u. 18 - 19 sprechen nur von dem großen Verlust.

[1] Syr. *sâʿōrâ*, hier offenbar ein Terminus für den Vorsteher von Mönchen (Eremiten) (episkopos), sehr im Gegensatz zu den beiden Stellen in den Hymnen Ephräms mit diesem Wort, *CH*, 46, 2 u. *CNis*, 43, 9.

[2] Wörtlich wie in Str. 14.

er Söhne. * daß sie die Unterweisung (wieder) wachsen lassen in unsren (Mönchs)siedlungen!

7 Unsre Liebe wurde durch dich geordnet. * Doch es wich von uns deine ordnende Stimme. * Dein Gebet mehre uns die Reinheit, * daß nicht wanke die Liebe deiner Söhne!

8 Gute Beispiele gabst du uns. * Doch es schied der Schatz unsrer Schönheit von uns. * Dein Gebet öffne das Schatzhaus, * damit wir daraus einen guten Schatz nehmen (können)!

9 Ein trauriger Tag war der Tag deines Scheidens. * Er hat uns alle von dir (getrennt) zu Waisen gemacht. * Dein Gebet, mein Herr, breite über uns aus * Flügel und Rechte des wahren Vaters!

10 Diese Rechte behüte uns * mit den gepriesenen Lämmern, den Kindern des (Himmel)reiches! * Nicht unterdrücke uns, mein Herr, wie Waisenkinder * die häßliche Linke, die neidisch ist auf deine Kinder!

11 Unsre Gemeinde schmückte sich in dir. * Doch zu welchem verabredeten Ort sollen wir (jetzt) kommen um dich zu sehen? * Dein Gebet mehre die große Gemeinde * und unsre Gemeinde möge Psalmen singen bei deinem Gedächtnis!

12 Nach welcher Seite sollen wir ausziehen, dir entgegen, * da uns nicht wieder die Kunde kommt, wo du wärest? * Durch dein Gebet, mein Herr, mögen wir dessen würdig werden, * daß wir zum Ort des Lebens kommen und dich sehen werden!

13 Wer hält noch stand in der Gegend der Wüste, * aus der die Stimme des Friedens wegzog? * Dein Gebet mehre deinen Söhnen in der Wüste * den Frieden des Kreuzes, der alles bewahrt!

14 Dein Umgang förderte uns sehr. * Wer fördert (jetzt) unsre Kleinheit? * Jesus möge uns Arme schmücken * er, durch den auch du, unser Vater, dich geschmückt hast!

15 Wir hatten tiefen Frieden durch dein Gebet, * und es war als ob wir überall dich sehen würden. * Siehe (jetzt) weinen wir, mein Herr, bei deiner Siedlung, * dem Hafen deiner vielen Gebete.

16 Gar düster ist (jetzt) unsre (Mönchs)siedlung, o unser Vater. * Denn es wich daraus der Klang deiner Stimme. * Unser Herr möge befrieden die Siedlung deiner Söhne * und die Stimmen, (die) deine Psalmen (singen), mögen sich darin mehren!

17 Satan, mein Herr, möge nicht unser spotten, * wenn er sieht, daß wir verwaist und vereinsamt sind! * Er möge nicht uns zuschreiben [1] all

[1] Ich nehme das *a'hed* im Sinne von *anapherein* (in Erinnerung bringen, vorbringen), wofür der *Thes* ein Beispiel bietet, Für die Ergänzung des « Schlimmen » im Folgenden vgl. *GETon*, 139, 18.

(das Schlimme), das du ihm aufgebürdet hast. * O unser Herr, fessle ihn (weg) von unsren Siedlungen!

18 Man hat uns Schwache verloren gegeben [2], * denn siehe der Tod hat uns den Umgang mit dir genommen. * Wer kann, mein Herr, beruhigen * den Beraubten, der ganz eine Quelle von Tränen (geworden) ist?

19 Der Mund deiner Söhne ruft nach dir, * im wüsten Land weint er um dich. * Wer kann die Herde in der Wüste beruhigen, * von der der Meister der Hirtenknechte schied?

Ende des zweiundzwanzigsten (Hymnus) auf Yulyânâ Sâbâ

XXIII

Der dreiundzwanzigste (Hymnus) nach der gleichen Melodie

1 Schönes Licht unsrer Gemeinde : * seine Strahlen sind aus unsren Siedlungen gewichen, * Siehe es stoßen uns die Wogen des Leidens. * Denn es starb der Steuermann des Schiffes unsrer Siedlung.

Responsorium : Dein Gebet wahre uns die Reinheit, daß nicht wanke die Liebe deiner Söhne [1]!

2 Eine gute Rüstung legtest du uns an * und gute Gewohnheiten gabst du uns. * Statt jener Herde von Schafen * weidetest du strahlende Lämmer in der Wüste.

3 Nicht mit Speisen sondern durch die Wüste ließest du gedeihen * und mit Durst berauschtest du die Herde deiner Söhne. * Satan, der mit Begierden bindet, * legte dir nicht die unsichtbaren Fesseln an [2].

4 Rein war dein Blick, indem er bezeugte, * daß auch im Innern dein Herz rein war. * Dein äußerer Anblick war ehrwürdig * und dein Denken im Innern heilig.

[2] Nach der vorgeschlagenen Korrektur des Pl. (desperaverunt de nobis).

XXIII. Auch in diesem letzten Hym. der Gruppe gleicher Melodie XVIII - XXIII spricht ein in einer Mönchssiedlung des verstorbenen Heiligen wohnender Schüler. Str. 1 - 3 : Unsre Mönchssiedlung hat seinen Steuermann u. Hirten verloren. 4 - 11 : Der Heilige war frei von den Fesseln des Satans frei von Sündenschmerz u. Trauer der Büßer. 12 - 16 : Wir haben den Führer im Kampf gegen Satan verloren, einen Meister, dessen Tadel süß war. 17 - 22 : Vorbilder des Heiligen wie Job, Elisäus, Samuel, Joseph oder negativ Geezi u. die Söhne des Heli. Vielheit u. Einheit in Christus. 23 - 25 : Gerechtigkeit u. Güte, Demut u. furchteinflößende Heiligkeit.

[1] Wörtlich aus dem vorangehenden Hym. Str. 7.

[2] Vgl. *Sermones* I, 2, 1011 ff.

5 Seligpreisungen über deinen Gliedern, * Verheißungen des Lebens über deinen Gedanken. * Das Glühen der Liebe erneuerte dich * und in der Freude deines Herzens warst du jugendlich.

6 Nicht erfüllte dich die Sorge wegen Verschuldung. * Von Sündenschmerz warst du nicht gepeinigt. * Nicht verzehrte dich, mein Herr, Traurigkeit; * denn dein Schatzhaus wurde niemals geplündert.

7 Von Gewissensbissen wurdest du nicht gefoltert. * Denn deine Perle [1] wurde nicht geraubt. * Nicht rieb dich auf körperliche Bedrängnis. * Denn nicht verwirrte dich die Begierde des Fleisches [2]

8 Denn Traurigkeit findet sich bei dem Büßer, * weil sein Herz den Richter fürchtet. * Leid des Herzens ist bei dem, der fiel, * weil ihm der Schatz des Lebens entfiel.

9 Du sündigtest nicht und büßtest nicht. * Schmerz (bedeutet es), zu sündigen, und Mühe Buße zu tun. * Beide Lasten ermüdeten dich nicht : * Sünder und Büßer zu sein [3].

10 Unter nur einem Joch zogst du * Denn nicht hatte dich der Böse (unter zwei Joche) [4] geschirrt. * Im weglosen Gebiet der Sünde müht sich der Tor, * und dann kommt er auf den Weg der Buße.

11 Statt der eitlen (Mühen) im weglosen Land eiltest du auf dem Weg des Lebens. * Dein Rang überragt die Büßer. * Denn Reue war für dich nicht erforderlich.

12 Es verstummte deine Trompete, uns zum Kampf zu rufen. * Und wer mustert uns (jetzt), o unser Heerführer? * Es fürchtete sich der Böse vor dem Kampf mit dir, * da er dein Lager gerüstet sah.

13 Ein Athlet, mein Herr, legt die Kleider ab, * und stolz erringt er sich einen Kranz, der vergeht [5]. * Du legtest den Stolz ab, * und es erstrahlte der Kranz deiner Demut.

14 Wer wird uns das schöne Beispiel geben, * da dein strahlendes Vorbild uns entschwand? * Wer wird uns, mein Herr, belehren wie du, * Meister, der milde zurechtwies?

15 Deine Züchtigung, mein Herr, war lieb * und gleichsam ganz süß. * Denn wer von dir zurechtgewiesen wurde, * dankte dir.

16 Dein Tadel, mein Herr, war wie ein Geschenk * für den, der einen Fehler beging. * Die Seele wuchs, wenn einer würdig dessen war, * von dir selber, mein Herr, zurechtgewiesen zu werden.

[1] Die Jungfräulichkeit; vgl. *Virg.* 2, 4 ff.

[2] Syr. *reggat besrâ* ebenso *Virg.* 2, 2 (3, 6) u. *Testament*, 424.

[3] Vgl dazu Jul. Saba u. die Freude in Hy. 15, 3 - 8.

[4] Zu dieser Ergänzung des zerstörten Texts der Hs vgl. *HdF*, 20, 15.

[5] Syr. *klīlâ d-methabbal* wie Peš in 1 *Cor.*, IX, 25.

17 Einen Bund schlossest du mit deinen Augen [6]. * Einen zweiten Job sahen wir in unserer Generation. * Nicht das geringste nahmst du von irgendeinem an. * Einen zweiten Elisäus sahen wir unter uns.

18 (Text zerstört)

19 Dein Greisenalter war wie das des Samuel, * und wie Joseph siegte deine Jugend. * Der Rost des Giezi [1] heftete sich nicht an dich * und auch nicht der Schmutz der Söhne des Heli [2].

20 Die guten Knechte sind wie Farben [3]. * Dein Schatzhaus gab sie mir um dein Bild zu formen. * Ich will betrachten und sehen, wem du gleichst * ......

21 ...... * ...... * um betrachtend dich wie eine Einheit zu sehen. * Die Menge der anderen sehe ich in dir.

22 Und um wieder auf dich zu schauen wie auf eine Vielheit : * deine Vielheit wird von einer Einheit umschlossen. * Und siehe es verwirrt uns einer, (der) viele (ist) [4], * da deine Vielheit bei dem einen sich gesammelt hat.

23 Ich machte mich auf, in dir die Propheten zu sehen. * Da lugten mir auch die Apostel hervor. * Ich machte mich auf, in dir die Gerechtigkeit zu sehen. * Da floß aus dir auch die Güte hervor.

24 Während ich noch deine Demut sah, * überführte und erschreckte mich deine Heiligkeit. * Sie riß weg und verschlang deine Milde. * Ich floh vor ihr. Denn deine Übermacht besiegte mich.

Ende des dreiundzwanzigsten (Hymnus) auf Yulyânâ Sâbâ

XXIV

Der vierundzwanzigste (Hymnus) nach der Melodie :
O mein Herr, zu dir nehme ich meine Zuflucht [5].

1 (Text zerstört)

Responsorium : Lob sei dem, der dich erwählt hat !

[6] *Job*, XXXI, 1 : *qyâmâ aqīmet l- ʻaynay*; hier pass. : *qyâmâ l-ʻaynayk mqâm hwâ lâk.*

[1] Vgl. 4 *Reg.*, V, 20 ff.

[2] Vgl. 1 *Reg.*, II, 12 ff.

[3] Vgl. *Abr. Kid.* 6, 6 mit Anm.; *Jul. Saba.* 2, 8 Zum Sprachlichen vgl. *HdF*, 26, 6.

[4] Ähnlich heißt es von den drei göttlichen Personen in *HdF*, 73, 21 : « einer, der drei ist » (*ḥad da-tlâtâ hū*); hier noch kürzer : *ḥad sagīʼē*

XXIV. Mit diesem unvollständig erhaltenen (jetzt) letzten Hym. scheint eine neue Gruppe von Hymnen mit eigner Melodie begonnen zu haben. Der Hy. beginnt alphabetisch : Str. 1 - 3 *Âlaf* bis *Gâmâl* dann wieder Str. 10 mit *Lâmad* u. 11 - 13 mit *Mīm*. Inhaltlich wird ein Motiv des vorangehenden Hy. weiter ausgeführt : die Vorbilder des Heiligen als Farben für sein Bild, Vielheit u. Einheit in Christus.

[5] Ergänzung nach *CNis*, 74, 1 Die dort gegebne Übersetzung ist zu korrigieren.

2 Schaue ich auf deinen Tod, * so ist das Anlaß zu Trauer. * Schaue ich auf deine Hoffnung, * so ist das ein Schatz des Trostes. * Mögen wir würdig sein, dich zu sehen!

3 Dein Schatz ist voll * von Beispielen für die Jugend, * von Vorbildern für die Kinder, * von Formen (der Ehrbarkeit) für die Greise. * Durch deinen Herrn mögen wir dich sehen!

4 Daß wir an uns selber * dich sehen (könnten), ist zu groß, * daß an uns ein wenig zu Tage treten würde * dein reines (Buß)leiden [1]. * Deine Fürbitte möge uns reich machen!

5 Es schauten auf dich deine Schüler [2] * und ahmten deine Werke nach. * Sie bildeten dich ab und hüllten sich in dich * wie du in Jesus. * Durch deinen Herrn mögen sie dir gleichen!

6 Wie viele Farben (müßte) ich haben * um dein Bild zu formen [3]! * Denn auch mit vielen * könnte ich dich nicht fassen. * Es stärke mich deine Fürbitte!

7 Den Gerechten, die * du in deinen Werken nachgeahmt hast, * gleichst du, * und du und sie * gleichen unserem Herrn.

8 Ich sah dich, wie du verstreut, * und ich sah dich, wie du gesammelt bist. * Denn du und deine Brüder * seid abgebildet in unserem Herrn. * Gepriesen sei, der euch durchdrungen hat!

9 Ein einziger Gerechter ist so * zu vielen geworden [4], * während er hinwieder umgrenzt ist * ganz bei seinem Herrn. * In unserem Herrn seid ihr eins.

10 Nicht dich allein * sehe ich in dir, * sondern auch die anderen, * die strahlender sind als du, * seliger Saba!

11 Wer könnte mir fassen * die Menge deiner Bilder! * Denn alle Bilder hast du genommen * von allen Gerechten. * In ihrem Herrn fandest du deine Vollendung.

12 Wer wollte den einen trennnen. * der zu vielen wurde! * Wer wollte die Vielen * zu einem vermengen! * In eurem Herrn seid ihr eins

13 Vom Bild lernte ich : * nicht mit einer einzigen Farbe * kann es gemacht werden. * Aus allen Farben * erlangt es seine Schönheit.

1 Scheint in Widerspruch zu stehen zu Hy. 23, 9 u. 11.

2 Hier scheint der Verf. nicht unmittelbar selber dieser Gruppe anzugehören, im Gegensatz zu den beiden vorangehenden Hymnen.

3 Vgl. Hy. 23, 20

4 Vgl. Hy. 23, 22.

I. — VERZEICHNIS DER BIBELSTELLEN

(Direkte Zitate und Stellen, zu deren Text sich Bemerkungen finden, sind mit Asteriskus versehen).

II. — VERZEICHNIS DER EIGENNAMEN

III. — SACHVERZEICHNIS

IV. — INHALTSVERZEICHNIS

JULYANA SABA